学会求助

如何精准提问
以获得有效帮助

All You Have to
Do Is Ask

［美］韦恩·贝克（Wayne Baker） 著

隋钰冰 译

中信出版集团｜北京

图书在版编目（CIP）数据

学会求助：如何精准提问以获得有效帮助 /（美）韦恩·贝克著；隋钰冰译. -- 北京：中信出版社，2025.5. -- ISBN 978-7-5217-7382-8

Ⅰ. C912.11-49

中国国家版本馆 CIP 数据核字第 20256KJ981 号

All You Have to Do Is Ask
Copyright © 2020 by Wayne Baker
This translation published by arrangement with Currency,
an imprint of Random House, a division of Penguin Random House LLC
Simplified Chinese translation copyright © 2025 by CITIC Press Corporation
ALL RIGHTS RESERVED
本书仅限中国大陆地区发行销售

学会求助——如何精准提问以获得有效帮助
著者：［美］韦恩·贝克
译者：隋钰冰
出版发行：中信出版集团股份有限公司
（北京市朝阳区东三环北路27号嘉铭中心　邮编　100020）
承印者：中煤（北京）印务有限公司

开本：880mm×1230mm 1/32　印张：7.75　字数：141千字
版次：2025年5月第1版　印次：2025年5月第1次印刷
京权图字：01-2020-3464　书号：ISBN 978-7-5217-7382-8
定价：58.00元

版权所有·侵权必究
如有印刷、装订问题，本公司负责调换。
服务热线：400-600-8099
投稿邮箱：author@citicpub.com

献给我亲爱的妻子谢里尔

和我们可爱的儿子哈里森

目 录

第一部分 求助的力量

第 1 章 求助让奇迹发生 / 003
求助，奇迹就会发生 / 007
为什么要请求帮助？/ 010

第 2 章 人类的困境：难以启齿的求助 / 019
低估他人提供帮助的意愿和能力 / 022
过度自力更生 / 027
认为求助存在社交成本 / 029
企业文化导致缺乏心理安全感 / 033
阻碍组织发展的系统、流程或结构 / 034
不知道求助的内容和方式 / 036
担心自己没有求助的特权 / 037
害怕被当作自私的人 / 038
小结 / 046
思考与行动 / 046

第 3 章　给予与接受 / 049

给予者与求助者的四种类型 / 054

小结 / 064

思考与行动 / 065

第二部分　求助工具包

第 4 章　明确需求，按需发声 / 069

确定目标和需求的方法 / 077

将需求转变为机智的请求 / 089

明确向谁请求帮助 / 093

发起求助 / 099

把偶尔的拒绝变为（成功的）新请求 / 102

小结 / 104

思考与行动 / 105

第 5 章　团队的工具 / 107

为团队的成功做好准备 / 111

选择合适的求助工具 / 122

小结 / 134

思考与行动 / 134

应对错误的最佳实践与吉姆·莱文的辅助指导方针 / 135

第 6 章　跨界求助 / 143

多样性红利 / 150

跨界求助的机构实践 / 152
利用科技的力量跨界求助 / 161
小结 / 172
思考与行动 / 173

第7章　认可与奖励 / 175

工作中认可的力量 / 179
感谢求助 / 180
认可他人最好的方式 / 183
感恩墙 / 186
正式的认可项目 / 188
山地人与马车队 / 191
伟大的商业游戏 / 197
小结 / 200
思考与行动 / 200

附　录 / 203

津格曼服务网络小游戏 / 203
阿特拉斯食品批发公司小游戏 / 205
小游戏设计指南 / 207
阿特拉斯食品批发公司收益分享计算 / 208

致　谢 / 211

注　释 / 217

第一部分

求助的力量

第 1 章

求助让奇迹发生

杰茜卡崩溃了，不知道如何是好。她是一个内心豁达的人，常常主动帮助被工作折磨得疲惫不堪的同事，这一次也不例外。事情发生在她供职的信息技术公司，新同事由于不熟悉公司的客户关系管理（CRM）系统，工作进度落后了。杰茜卡非常熟悉这个系统，因而主动承担同事所负责的数据录入任务。然而，杰茜卡对同事的举手之劳却很快变成了巨大的难题。[1]

杰茜卡说："当我同意提供帮助的时候，这些额外的工作并没有成为我的负担。但很快我就意识到，这些工作相当耗费时间。"此后的日子，她开始"早出晚归"，甚至要利用午餐的时间来工作才能跟上进度。她对中午外出用餐或是在下午5：00准时下班的团队成员很不满。她说："我甚至怨恨那些到办公室打断我工作的人。和同事交谈15分钟意味着我晚上陪伴家人的时间少了15分钟。"

杰茜卡需要一些帮助，但她从未求助。"我想，团队的其他成员也和我一样忙碌，因此我一直在坚持着承担这些工作。"她解释道，"我不知道求助很重要。我认为我的经理或同事应该看到我承担了超额的工作，他们应该帮助我分担一些工作。"

杰茜卡越来越绝望，她只看到了一种解决方案：放弃。而她也真的选择了这种方案。回顾自己的处境，她意识到问题所在从来都不是她的雇主或同事，而是自己没有请求他人来协助自己完成工作任务。她说："我再也不会犯那样的错误了！"

当面临崩溃时，我们当中很多人都和杰茜卡一样，不愿意求助他人。当我问听众怎样才愿意求助他人时，大部分人都回答说：除非超出了自己的能力范围，否则，我不会请求帮助。[2] 他们说："只有发现自己无法解决问题并且非常绝望时，我才会请求帮助。"

如果这句话描述的就是你，那么你并不孤单。提出我们的需求和请求有很多好处。它让我们工作更有效率；让我们拥有更多的工作机会，或是针对岗位空缺招到合适的人；帮助我们更好地适应新的环境；提高了我们的学习能力并激发出创造力；提升了团队表现并改善了运营效率。此外，研究显示，当我们求助时，即使是陌生人也比我们所想象的更乐于提供帮助。求助通常是我们迈向成功最简单的行动，但是真正要这样去做的想法却让很多人害怕。

帮助不会不请自来，理解这一点非常关键。事实上，研究显示，工作场景下多达90%的帮助都是在需要帮助的人主动提出之后实现的。[3]其背后的含义非常明了。别人如果不知道你需要什么帮助，就没有办法为你提供帮助——你只有说出需求，才能让别人知道你需要什么帮助。另外，当我们不去表明自身所需时，付出的成本是巨大的。研究显示，《财富》500强公司每年因没有求助而产生的成本多达数十亿美元。[4]这些成本在我们的生活中产生的影响超乎我们的认知，不论是在家庭和工作中还是其他地方，都是如此。放弃求助也是我们所做出的最自我受限、自我封闭甚至自我毁灭的个人决策之一。没有他人的帮助，我们便无法在这个世界上获得完成工作、解决问题和达成使命所需要的资源。

求助，奇迹就会发生

克里斯蒂娜是家里三个孩子中最小的一个。自出生之日起，父母就对她疼爱有加。因此，不难想象，当父母发现了不对劲儿的情况时遭受了巨大的打击：她的大脑发育不正常。[5]

出现这种情况的原因是她稚嫩的颅缝早闭。婴儿的头盖骨通常由 5 块骨头和填满颅缝的纤维组织构成。如果你在婴儿的头顶摸到柔软的区域，这里就是骨头和组织连接的部分。这些富有弹性的缝隙能让婴儿的大脑发育。克里斯蒂娜的颅缝过早地闭合了，因而抑制了大脑的正常发育。这种特殊的情形被称为"颅缝早闭"。如果不进行治疗，这种症状会导致永久性的头部畸形和面部扭曲，患者也将面临一辈子的嘲笑和社交孤立。同时，这种病症也伴随着发育迟缓、学习障碍、失明、癫痫，甚至早逝。

进行专业的手术可以拯救克里斯蒂娜的头盖骨，让她的大脑正常地生长和发育。然而，在她和家人所居住的罗马尼亚，寻找能够操作如此专业而精细的手术的医生是一个漫长的过程。这个女孩置身险境之中，除非有奇迹发生。

克里斯蒂娜远在法国的姑姑费利西娅在全球最具影响力的商学院之一——欧洲工商管理学院（INSEAD）工作。一次偶然的机会，她协助开展了"互惠环"活动。这项活动是该学院迎新计划的一部分。在本书的第二部分，你将了解到更多关于互惠环的内容。而现在，你可以把它看作一项有目标导向的集体活动，这项活动需要参与者充分地运用集体的知识、智慧与资源所形成的网络来满足自己的需求。INSEAD新入学的所有工商管理硕士都参与了这项活动。

费利西娅共参与了两轮互惠环活动。第一轮活动的目标是个人需求，第二轮活动的目标则是与工作相关的需求。刚刚开始参与第一轮活动时，费利西娅不知道要提出什么样的需求。即便如此，她还是鼓起勇气求助，正是这次求助改变了侄女一生的命运：她需要一名能够治疗颅缝早闭的经验丰富的儿科颅外科医生。

就在当天，INSEAD一名组织行为方向的兼职教授托马斯·黑尔维希博士也在参加互惠环的活动。黑尔维希博士时任巴黎内克尔儿童医院的心理治疗师和儿科医生。当他听闻费利西娅发自肺腑的请求时，他知道自己一定要伸出援手。他回应了这次求助，希望能提供帮助，并联系了内克尔儿童医院和马塞尔·森巴特医院（该区域的另一家儿童医院）的外科医生埃里克·阿诺德博士——他正是克里斯蒂娜的手术所需要的经验丰富的专家。

在一番密集的电子邮件和电话沟通之后，克里斯蒂娜和父母一同飞到了巴黎，并在马塞尔·森巴特医院进行了手术。手术十分成功，她恢复得非常好。我的桌面上摆放着她的照片，它时刻提醒我求助的强大力量。

我还有很多和克里斯蒂娜类似的故事，或许没这么戏剧化，但看起来却是不可能发生的——我应该把它称为几乎不可能发生的。当我们允许自己求助后，我们就解锁了人类的慷慨，奇迹就会出现。

为什么要请求帮助？

一家大型汽车公司的高级工程师正在尝试解决一项复杂的技术问题。事实上，他已经被这个问题困扰了好几个月，却毫无头绪。有一天，他终于求助了。他向同事们描述了自己的问题并询问是否有能够咨询的领域专家。令他意外的是，第一个回应他的人并不是公司里资深的研究型科学家或来自其他领域的工程师，而是一个看似不可能的人：一名刚刚进入公司不久的22岁的行政助理。她的父亲是领域内的全球顶尖专家之一——正是工程师被困扰的环节所属的领域。更加巧合的是，这位专家刚刚退休，他的太太鼓励他多到外面走走，打发一些时间。这名行政助理将工程师引荐给了父亲，并成功地让他获得了解决问题所需要的专业技术。

这个案例阐述了一个非常重要的观点：除非求助，否则你永远不会知道其他人知道什么，或是认识谁。没有人会想到一名年轻的行政助理会把握着解决问题的关键资源。如果你提出了自身的需求，帮助就会随之而来，有时甚至来自你认为最不可能的地方。

在工作中，求助可能意味着一件事情的成败。这并不是传闻。事实上，研究揭示了求助可以带来的诸多益处。

更加优秀的工作表现和成就感。简单地讲，你需要他人的帮助来完成工作。不管是信息、技术或专业技能，还是额外的一双手，或是对某个想法或项目的认同，你所需要的资源会帮助你圆满地完成工作，而你也将因此在工作中变得更加快乐，更有成就感。[6]

帮助新手成功过渡。当接手一项新工作时，你将不可避免地需要他人的帮助来熟悉新的工作环境和理解自身的定位。研究显示，当新人针对明确工作需求、了解工作环境和获得技术支持提出请求并获得帮助时，他们会对工作少一些失望、表现更佳并更愿意留下来继续工作。[7]

找到工作或是招募到合适的人选。想找新工作？想要聘用合适的人选？如果是这样，那么你很有可能是通过身边的人脉获取建议、推荐和引荐的。我自己的职业生涯就是这样开启的。当时我正在帮助朋友们搬运一架钢琴，其间，我说自己研究生快要毕业了，想在华盛顿特区找一份工作，然后我问是否有人能够推荐工作。其中一位朋友推荐我去一家咨询公司，这家公司由他大学期间的室友运营。这层关系让我取得了突破式的进展，并获得了一份到该公司担任项目经理的录用通知。在互联网时代之前的日子里，50%甚至更高比例的工作机会都是通过社交和职场关系获得的。这些关系至今仍然发挥着重要作用，即使是在数字化平台使用愈加普遍的情况下也是如此，比如使用求职软件来找工作。[8]通过社交关系进行的引荐相较于数字化的方式会带来更高的收益，这意味着会有更多真实的招聘，而人们会在他人引荐的组织中工作更长的时间。[9]

学习与成长，获得职业发展。学习无法凭空发生。[10]我们通过尝试新技术和新想法并询问他人的反馈来学习。[11]如果你想要学习如何有效演讲，你可以尝试自行准备并进行实战演练，但是如果没有人给你的演讲表现提供反馈，你就无法知道自己需要从哪些方面着手去改善。同时，如果你不主动询问，大部分人并不会主动提供反馈。

创造力和创新性。伟大的想法都不是来源于空想。创新不仅需要运气。我们通过询问和获取信息、交换想法及参与交流来培养创造力。[12]例如，当我和同事讲授设计思维课时，我们会让管理者从舒适的教室移步到安阿伯市的野外，要求他们在那里完成与陌生人的交流并了解对方使用一种特定的产品或服务的经历。这些管理者最终带着对原型的新创意归来。同时，大家欣喜地发现，邀请陌生人参与时，大部分人会表示同意。

与此同时，即便有出色的想法，我们也需要他人的帮助来完成对这些创意的开发、测试、改善和实施。[13] 请求帮助可以提高我们把创意变成作品的能力。[14]

管理压力。如果你常常在工作或生活中感受到压力，那你并不孤独。10 个美国人中就有 8 个（79%）认为自己每天都感受到压力，而盖洛普民意调查的数据显示，工作压力更是位居美国职员抱怨排行榜榜首。[15] 研究证实，寻求帮助和支持可以减轻压力与时间紧迫感，同时提高人们对工作的投入和表现。[16]

寻求帮助带来的好处在团队和组织中同样发挥着作用。以下就是一些例子。

改善团队表现。由于寻求帮助可以让团队成员变得更加富有创造性，相互学习，并获得对团队目标、愿景和任务的集体认知，它通常能够改善团队的表现。[17] 表现最佳的团队会培育出对外延伸的网络，并利用这个网络来获取信息、反馈、专业知识和其他资源。[18]

节约成本。这项好处是显而易见的。研究显示，当企业的员工能够自愿参与员工互助项目时，企业能够在大幅削减医疗、伤残补助金和劳工赔偿成本的同时拥有更低的缺勤率和更高的生产力。[19]

此外，我们仅仅通过更快地获取解决方案或是发现更多更加经济的替代方案就可以节约成本。例如，我曾经与一名科学家一起就职于安内特公司。他需要为团队研发的一款重磅新药合成一种特定的生物碱。他原本打算联系一家外部实验室开展此项工作，并为这项服务支付5万美元。然而，他并没有这样做。他利用本书提到的工具，向自己的科学家圈子求助，期望获得成本更低的替代方案。安内特公司的一名同事回应了他的请求，并说自己的实验室有一处闲置的空间，可以免费提供给他开展工作。这让他直接省去了这笔原本要给其他供应商的开支。

这个例子告诉我们，虽然科学家身处同一支药品研发团队，但是，由于他们平日没有求助的习惯，有闲置实验室的科学家并不知道他的同事还需要和外部实验室联系并支付费用以完成原本在内部就可以免费做的工作。发声使人们知道了需求的存在，很快有所回应。事实正是如此。

受到这个成功经验的鼓舞，团队中的其他科学家也开始提出一系列的请求：协助在酶测定中筛选某些化合物，允许在特定的研究项目中观察生物活性测定，协助开展分子建模，等等。当要求他们对自己所获得的帮助评估货币价值时，科学家们所报告的数字立即突破了20万美元，这还仅仅是这支团队在短短两个半小时中遇到的情况。两个半小时也是利用本书的工具所需要的时间。

提高生产能力和盈利能力。当寻求帮助和给予帮助成为一种企业习惯后，员工的生产力会更高、人员流动率会更低。[20]当首席执行官不时询问员工对他们表现的评价时，优秀的管理团队会更加乐于奉献，并因此进一步提升了企业的财务表现。[21]将员工更加广泛地开展合作并帮助他人的企业与只专注于个人任务和个人表现的企业相比，前者的盈利水平更高。[22]例如，在安内特团队的案例中，科学家们提到，他人的快速响应为他们节约了超过3 000小时——这么多时间完全可以用于推进下一个药物研发项目。

寻求帮助可以让我们更快地寻找并获取信息、劳动力和资金，帮助我们减少重复劳动，企业的运营效率也得以改善。寻求帮助加速了组织内部资源的使用与流动。当人们不再浪费时间及精神消耗时，生产效率就提高了，这些消耗可能来源于在某个问题或任务上花费太长时间而没有求助他人。[23]

或许这就像是一个悖论，但寻求帮助确实是给予帮助的关键。几十年前，我第一次发现了这个真相，当时我正着手开发一些可以赋能个人、团队和组织的工具，让他们能够利用自身的网络，以及释放周边资源的力量。当时我认为，让人们变得慷慨可能不容易，但事实并非如此。令我吃惊的是，真正的问题在于如何让人们根据自己的需要提出请求。事实上，大部分人都是愿意提供帮助的——如果有人求助他们。然而，大部分人却不会求助，结果，所有的解决方案与资源就被无理由地搁置和浪费了。

这些早年的教训随着研究的开展和全球使用本书工具的数千人的经验积累得到了进一步验证。这些经验教训促使我去研究人们求助如此困难的原因，也激励我去寻找可靠、实用且有效的工具来克服求助障碍。

我每天都在见证使用本书的方法带来的益处。我是密歇根大学罗斯商学院的一名教授，在慷慨、互惠、社交网络和积极领导力领域从事了超过25年的研究、教学与咨询工作。我也是积极组织研究中心的一名主任，在这里，我对接了企业集团中超过50家单位。我还是影响力领导的联合负责人，这是一家与通用汽车和罗斯商学院高管教育中心合作了多年的组织，我在这里帮助来自全球的领导者建立给予-接受的网络，消除全球范围内的组织孤岛。同时，我还是给予与获取公司的董事会成员及战略顾问，这是一家由我和亚当·格兰特等同事联合创办的公司，其使命是帮助领导者们在团队或企业中创造健康的互惠与合作文化。

通读本书，你会收获我一路走来遇到的故事。你将清楚地看到为什么我们大部分人觉得求助很难，并且了解如何去克服这些障碍。你将会学习简单但强大的求助方法，找到正确的人或咨询对象，并在更加宽广的网络中利用资源。你会学习如何使用一系列可靠而实用的工具来赋能团队和组织，让其能够获得所需要的资源。我已经与众多的管理者和专业人士分享了这些工具，他们所在的组织包括谷歌、消费者能源公司、通用汽车、英国保诚集团、百时美施贵宝公司、蓝十字蓝盾医疗保险组织等。在本书中，我将向你展示如何使用这些工具来变得更加成功，不论你为哪家企业工作，不论你的职位是什么。只要你迈出第一步，一切皆有可能，甚至会有奇迹发生。

第 2 章

人类的困境：难以启齿的求助

小时候，我经常跟着家人一起自驾游。我们兄弟姐妹4人一起挤在镶木板的家用旅行车的后座上，猜想着距离我们因迷路而不得不停靠在路边还有多长的时间。当意料之中的这一刻终于来临的时候，我的父亲便会拿出地图仔细研究，而母亲则因为父亲拒绝问路而越来越不耐烦。

很多人都开玩笑说，男人从来不问路（或者至少在谷歌地图出现之前是这样），但是，拒绝求助不仅仅发生在男性身上。事实上，求助一直以来都被视为"人类最初的困境"。[1]

基于我自己和其他人所从事的研究，以及超过25年的商业咨询和教学的经验，对于我们不允许自己求助他人这个问题，我找到了8种不同类型的原因。理解这些阻碍能够帮助我们克服、规避困难，以及预防困难的发生。

◎求助困难的 8 个原因◎
低估他人提供帮助的意愿和能力

想象一下这样的场景：你正走在纽约市区的大街上，而这时你发现自己忘记拨打一通非常重要的电话。现在，你的朋友——不论是不是你最好的朋友——能否获得这份工作取决于你在未来的半小时内能否在电话中为他／她引荐。你摸了摸口袋或是手提包，拿出手机，却发现手机没电了。忘记打电话已经很糟糕了，更糟糕的是忘了给手机充电。你紧张起来，现在该如何是好？

向路人借用一下手机？你会乐意去借吗？大部分人仅仅是想象一下要和陌生人打交道就感到害怕了，更不用说要向他们借用一下手机。你可能对自己说："太尴尬了。"再说，就算开口了，别人同意借给你的概率又是多少呢？

事实上，概率比你想象的高得多。这个结果来源于心理学家在位于纽约市（一个绝对不是以对陌生人友善而闻名的地方）的哥伦比亚大学所展开的研究。[2] 研究实验的参与者们需要在大街上和陌生人交流，并问对方："我可以借用你的手机打个电话吗？"他们不能解释为什么自己需要这样做，也不能编造伤感的故事。然而，出乎意料的是，即便如此，很多陌生人也愿意提供帮助：平均而言，只需要尝试两次就能从一个纽约人那里借到手机。

在其他一些类型的实验中，参与者们也被要求和陌生人接触并邀请他们填写问卷，或是假装迷路了，要求陌生人送他们到附近的建筑物。这一次，实验者们也只需要向两个陌生人求助就能够获得愿意完成问卷的回应；平均而言，只要向 2.3 个陌生人求助就能让他们为自己引路到其他地点。

但是，真正有趣的部分在这里。在参与者开展实验之前，心理学家要求他们自己做出预估：在获得"同意"之前需要询问多少个陌生人？最终，参与者的预估和实际结果相去甚远：他们所预估的需要询问的陌生人的数量是实际结果的 2 倍或 3 倍。[3]

最后，心理学家还想知道，如果他们向陌生人提出的需求升级之后会怎么样？例如向陌生人要钱。他们招募了来自纽约都会区团队训练计划的志愿者，该项目旨在集合大家开展步行、跑步或是骑行全程或半程马拉松，或是三项全能运动，为白血病和淋巴瘤协会筹集资金。志愿者们如果想要参与活动，唯一要做的就是达成资金募集的目标。

当研究人员要求实验者预估自己需要向多少个人求助才能筹集到目标资金时，他们给出答案的平均数是 210。但实际上，他们只询问了 122 个人就完成了目标。而让他们预估每个人愿意捐助多少金额时，他们认为平均而言每个人的捐赠额为48.33美元，而实际上，每人的平均捐赠额为63.80美元。

从这些实验中，我们可以发现一种共同的模式：我们常常会低估他人提供帮助的意愿和能力。事实是，现实中的人们比你所想象的更愿意帮助他人。实际上，在全球范围内开展的盖洛普民意调查就发现，在一个月的时间中，每4个美国人中就有3个人（73%）帮助了有需要的陌生人。而在140个被调查的国家和地区中，超过一半的国家和地区的大多数调查对象都是如此。[4]此外，盖洛普估计，在全球范围内有22亿人在一个月内帮助过陌生人。其他由人类学家和语言学家组成的国际团队的研究显示，在每天1 057项求助中，约90%的请求立即得到了回应——不论这些求助是需要物资、服务还是支持。[5]提供帮助的比率在全球五个大洲都非常高。

然而，和这些实验的参与者一样，我们有很多人都假设别人不会提供帮助。我们害怕被拒绝，或者我们认为即使别人愿意提供帮助，也不会有时间或能力去实施。在我参与的不同事件中，我多次观察到这种自我设限的想法。通常，有人会把我叫到一边，悄悄对我说："我不会向别人求助我真正的需要，因为我知道没有人可以帮到我。"每当这种情况发生时，我的回应都是一样的："只有你提出需求，你才会真正知道他人了解的人和事。不要预先对他人的能力持有偏见。向他们提出你真正需要的帮助吧。"

美国著名发明家、作家和政治家本杰明·富兰克林在自传中就提到过一段涉及政治对手的小插曲。当时，富兰克林想要缓解对方的敌意，但他既没有给对方写和解信，也没有给对方送礼物，而是决定捎去一张便条，请对方帮一个忙：请这位对手借给自己一本非常稀有的书，而此书正珍藏在对方的私人图书馆中。[6] 书很快就借到了。数天之后，富兰克林就归还了书并附言表达了自己的感谢之情。二人的关系彻底转变了。富兰克林写道："我们再次碰面时，他和我交谈（此前从未出现这种情况），并表现得彬彬有礼。从此以后，他在各种场合下都非常愿意帮助我。我们成了非常要好的朋友，直至他去世都维持着这份友谊。"基于自己的这段经验，富兰克林也留下了一句真理："帮助过你的人比你帮助过的人更乐于随时帮助你。"[7]

这是一个引人入胜的故事，但有什么科学证据支持它吗？事实上，心理学家已经发现了支持其真实性的证据。一项研究显示，如果一个人向他人求助，那么他人会更愿意帮助你，原因在于他人会认为你的请求暗示了"亲和动机"，这是一种希望和对方建立更亲近关系的意愿。[8] 当这种情况发生时，你求助的人就更有可能是感受到了更亲近的关系，这增加了他们再次帮助你的意愿。

我们有理由相信,当别人帮助过你一次,你就敢于再次求助。但是,如果被人拒绝,你会怎么样呢?你会在将来再次尝试向这个人求助吗?大部分人都不会再次冒险。但你其实不必陷入自我设定的限制。研究者们发现,当你再次提出请求时,人们会愿意回应你的请求,因为他们在第一次拒绝你的时候感受非常糟糕。[9]

我们当中很多人都不愿意向"核心圈"——家人和朋友——之外的人求助。但如果我们的确如此,我们就大大低估了"弱关系"——我们认识但不太了解的人——的响应能力。弱关系极有价值,因为它正是连接社交圈的桥梁。[10]新的信息、解决问题的新方法及其他的资源都是通过这些桥梁进行传递的。与此同时,我们也大大低估了"潜在关系"——我们打过交道但没有去维系关系的人——的响应能力。例如,大部分人不会去联系自己25年未见面的高中同学以寻找工作机会,因为我们在内心已经假设了这样的请求会被断然拒绝,或是对方会讨厌我们这种取得联系仅仅是为了获得帮助的行为。但机构研究者的研究显示,大部分旧识会很开心听到你的消息并乐于帮助你。[11]流逝的时间并没有抹去你们相互的了解、情感和信任。

重新唤醒潜在关系从各个方面来看都意义重大。现在，你和你的高中同学居住在不同的地方，你们的认知和社交圈都不会像以前那样重叠。换言之，他所知道的人和事都是你不知道的。因此，潜在关系甚至会以你意想不到的方式帮助你，但前提是你要提出来。

过度自力更生

考虑以下两种说法。你是否同意？
· "求人不如求己。"
· "大部分时候我更相信自己。"

如果这两种说法你都同意，那么你有相当多的同道中人。我的团队开展了四项具有全国代表性的调查，结果显示，85%的美国人都同意上述观点。[12] 自力更生是众多美国人所具备的为数不多的共同点：他们的教育背景、收入、种族、民族、政治意识形态和地域都不同。

1841年，拉尔夫·瓦尔多·爱默生在一篇美国经典文章中揭示了人类"自力更生"这个珍贵原则的本质。在这篇文章中，他建议人们要"相信自我"，倾听自己的意见并避免依赖他人。

早年，我们学到了自力更生的价值，不论是在家还是在学校，我们都会因为独立取得的成绩而获得奖励。

随后，我们进入职场，自力更生更成了一种有力的助推器。我们因此获得勇气、雄心壮志和工作效率。虽然可以将自力更生带来的这些好处视为有主见，但它也有副作用。如果你不向自己的同事寻求帮助，你将失去宝贵的学习、成长和发展的机会。[13]而在从构想到实践创意的点子的过程中，如果你没有寻求他人的支持，这些点子可能就无果而终了。[14]

我们在个人生活中也过度地自力更生了。研究显示，如果在抑郁、焦虑或其他情感问题发生的早期阶段没有获得及时治疗，这些问题将会在长期内频繁发作。[15]很多职场妈妈都能证实，尝试在家中（或工作中）"独立完成"任务让她感到筋疲力尽、怨恨和孤独，而这些感受会对我们的人际关系产生严重的影响。与之相反，向配偶或合作伙伴寻求帮助可以建立彼此之间的信任、认同感，提升情感亲密度。[16]

当然，你不会每件事都需要别人的帮助。获取过多的帮助会剥夺自己解决棘手问题带来的满足感。但过度的自力更生也会让你沮丧，并且很有可能导致失败。

认为求助存在社交成本

你会担心求助是一种软弱的表现吗？与过度的自力更生非常接近的一种想法是：有能力的人不需要帮助。组织心理学家将这种现象称为"寻求帮助的社交成本"。[17]这种观念认为，如果你不能独立完成每一件事情，你就是在告诉他人你很弱、很懒、不值一提、依赖他人，并且没有能力完成自己的工作。

好消息是，这种担忧在大部分情况下并没有出现。哈佛大学和沃顿商学院联合团队的研究显示，在适合的场景下，寻求帮助可以真正增进你（和他人）对自己能力的了解。[18]其中一个结果表明，寻求建议意味着你非常自信且有智慧：你知道自己不了解什么，也知道自己什么时候应该寻求帮助。同时，它也意味着你愿意冒险。但是，为了营造积极的印象，你需要机智地求助。针对一项有挑战的任务寻求建议会让人们（包括你自己）更加了解你的能力，但为了简单、容易或是无关紧要的事项寻求帮助则会让人觉得你没有能力或懒惰。在第4章中，我们将会深入探讨如何提出有价值且重要的请求。

如果我们认为提出请求会产生较高的社交成本，那么，这意味着女性比男性发起求助的意愿更低吗？因为一般而言，要在工作和社交场合中获得社交资本，女性往往要比男性付出更多努力。答案取决于求助的内容是什么、被求助群体的性别构成如何，以及任务或工作的本质等因素。在认为男性应更加自力更生且寻求帮助是男性领导者的非典型行为的社会文化中，男性比女性寻求帮助的意愿低，因为他们害怕人们质疑自己能力强的名声。[19]然而，研究显示，当在以男性为主的团队中工作并完成社会刻板印象中的"男性"任务（例如提出谈判策略）时，男性和女性都会更愿意获得他人对自己表现的反馈。[20]对比以男性为主的团队和以女性为主的团队，男性在前者中执行"男性"任务时更愿意获取反馈；而在以女性为主的团队中从事"男性"任务时，他们获取反馈的意愿比女性更高。有趣的是，女性在以女性为主的团队中从事刻板印象中的"女性"任务（例如提出解决冲突的关系策略）时，却没有表现出多少获取反馈的意愿。这些性别差异是真实存在的，但我发现本书第二部分的内容可以有效地解决这些问题，让所有人都能根据自己的需要发起求助。

我们所认为的求助的社交成本在不同文化中存在差异。研究显示，与西方人相比，不论是生活在本土还是美国的亚洲人，就个人问题求助的概率或是获取工作表现反馈的概率都更低。[21]一开始，这个结论看起来和我们的直觉不符。亚洲社会更倾向于集体主义，在这样的背景下，人们认为自己与他人保持着联系,从而更容易发起求助。与之相反,西方社会更倾向于个人主义,人们将自己视为独立的、不依赖他人的个体,所以我们认为他们更不愿意向他人求助。然而,事实却恰恰相反。为什么呢?在个人主义社会中,人们之间的联系被认为是追求个人目标的合法途径,因而从社交网络中寻求他人的帮助是可以接受的。请求帮助和拒绝帮助都不会对关系造成实质上的伤害。然而,在集体主义的社会中,维护社会和谐及社交关系才是首要目标,因此,寻求帮助被认为是给集体造成了负担或是试图将个人利益置于集体利益之上,将带来更大的成本。为了维护集体的和谐,人们应当克制自己求助的念头。[22]

本书第二部分所提供的工具对亚洲人和西方人(以及其他地区的人)同样适用。例如,互惠环在所有的集体主义文化中都得到了有效且成功的应用,包括中国、韩国、印度、菲律宾、新加坡,原因在于这些工具让请求帮助和提供帮助成了集体任务。通过让求助成为义务,这些工具改变了规则。不求助才会让集体失望。维护集体和谐意味着要求助,并且回应他人的求助。

但是,有求助过多的情况吗?有。关于请求帮助的研究显示,寻求帮助和个人表现之间的关系并非线性关系,也就是说,随着请求帮助次数的增加,个人表现并不会一直提高。相反,二者之间的关系呈倒 U 形曲线(如图 2.1 所示)。[23]

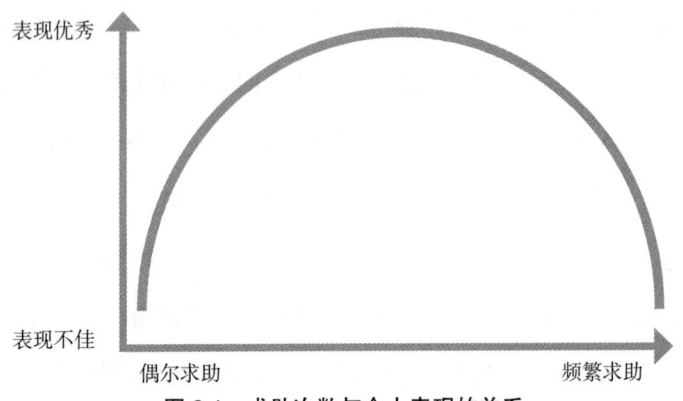

图 2.1 求助次数与个人表现的关系

那么，频繁求助是什么意思呢？这个问题与如何认定"频繁"相关，而答案则部分取决于企业文化和规范。[24] 同时，它也取决于人们内心潜在的寻求帮助的心理动机：自主型求助 vs. 依赖型求助。[25] 自主型求助者不会要求别人帮助他们完成工作或是为他们解决问题，他们求助的目的是让他人在自己解决问题的过程中提供帮助或投入。通常，自主型求助者因激励而不断学习和成长。相反，依赖型求助者不相信自己具备解决问题的能力，他们选择求助他人而不去自己解决问题。[26] 依赖型求助者并不相信自己能够学习和成长，他们只是想要甩掉问题。

这里的关键在于我们需要问问自己：为什么我需要求助？它会帮助我练就新技能、学到新东西吗？如果答案是肯定的，那就允许自己求助吧。

企业文化导致缺乏心理安全感

这是一个悲伤的事实：在很多工作场所，请求帮助都可能导致负面的结果。这些工作场所缺乏心理安全感，那是"一种由团队成员共同认可的信念，团队因成员之间风险共担而安全"。[27]当团队缺乏心理安全感时，其成员会害怕带来麻烦、提出问题、面对棘手的事务、犯错或是任何让他们暴露缺点或弱点的行为（例如求助）。[28]再加上高强度的工作压力，以及人们持续处于焦虑状态，人们会急于表现，但却害怕尝试新的东西或是向他人寻求帮助。[29]

要保持良好的工作表现，心理安全感非常重要，当工作表现的预期非常高的时候尤为如此。谷歌的研究者们在对自己团队成员开展的一项研究中发现，心理安全感是团队效率的关键。[30]当然，其他的因素也很重要，例如可靠性（准时、高质量地完成工作），结构与清晰度（明确的角色、计划和目标），意义（工作对于个人有重要价值）以及影响力（团队的工作非常重要，并且会产生积极的改变）。尽管如此，心理安全感仍然是其中最重要的因素，部分原因是它会促进形成一种企业文化，人们会认为这种文化允许自己去求助以满足自身所需。

正如人才创新实验室的负责人和高级经理凯瑟琳·德卡斯

所说:"向同事寻求帮助和向同事提供帮助,就是谷歌企业文化的特点。"[31]不论是团队成员在办公桌上喊出一句"嘿,我可以问你一个问题吗",在内部讨论小组提出问题和回应问题,还是在大会上向高级别的领导直接提出问题,这些行为"对于我们产品的创新驱动都非常关键"。凯瑟琳还观察到,所有实践的基础都在于"心理安全感,这种信念让人们认为,承担风险和在同事及团队成员面前暴露弱点是安全的"。

在本书的第二部分,我将谈到可以帮助你在团队或组织中形成这种企业文化的可用的工具,它们将帮助你把求助塑造成一种明确的行为规范。

阻碍组织发展的系统、流程或结构

当然,所有的领导者都希望自己的团队成员是组织当中的良民。然而,正式的制度、程序和惯例抑制了请求帮助和提供帮助的行为,却可以写上一整本书。在这里,让我们关注三种常见的陷阱:聘用不合适的人,相互矛盾的激励措施,组织规模和组织孤岛(在随后的章节中,我将讨论领导者如何采取行动以解决这些问题)。

聘用不合适的人。你在组织当中聘用了哪些类型的人？选择他们的标准是什么？通常，公司只会基于个人的才干、技能和经历来聘用员工。这种做法的问题在于这些条件不能够保证所聘用的人选有集体意识和团队合作精神，乐意帮助他人，愿意求助他人。

因此，虽然基于技能和才干聘用员工非常重要，但更为重要的是考虑价值观和文化的契合度。门罗创新公司是一家业内领先的生产高保障、高质量、以用户为中心产品的软件公司。该公司和蔼可亲的首席执行官理查德·谢里登就认识到，对于门罗创新公司这样强调深度的团队合作的企业，软件和专业技术就不是最契合的指标。正如理查德在他的第一本书《最有效的干法》中所提到的，这也是为什么他们想招募的是具有"良好的幼儿园技能"的程序员，因为这样的人尊重他人，和他人协作良好，并且乐于分享。[32] 具有良好的幼儿园技能的人会非常乐于帮助他人，并且会自如地求助。

相互矛盾的激励措施。我至今还没有见过一位领导者反对建立慷慨的企业文化。但是，如果组织的激励体系只能识别那些具有个人成就的人，结果就是组织内的文化氛围具有高度竞争性。在这样的企业文化中，请求帮助或提供帮助都不是一种常态。我和来自博科尼大学的卡桑德拉·钱伯斯通过大量实验确认了竞争性排名和个人奖励对于合作具有负面影响。[33]

组织规模和组织孤岛。不可避免的是，伴随着组织的成长，其本身会不断地分割、分离和异化。当组织的规模非常小的时候，成员之间互相了解，合作起来迅速且非正式。然而快速的增长会迅速将这种紧密的网络转变为一张巨大的网，网络中有互不相关的团队、单元、部门、办公室和分支机构。全球化的趋势加剧了这个问题，将不同地点、时区和文化背景的人分离。

结果，组织的状态就是被高度孤岛化。每一个孤岛都成了一个独立的团体，有自己的使命、目标和文化。而请求帮助和获得自己所需要的帮助在这种组织结构之下就成了一项挑战。人们所需要的答案或者资源就存在于组织内的某处，但它几乎是不可获得的。由此，组织中大量的资源没有被充分利用，甚至完全没有被使用。在本书第二部分，我将提供工具包，帮助领导者们建立给予与接受的企业文化，以将这些孤岛连接起来并改善资源的流动和利用。

不知道求助的内容和方式

我遇到过很多这样的场景，邀请人们根据自己的需要提出一项请求,但不可避免的是,他们当中很多人都遇到了困难。我通常会听到这样的评论:"我常常想和一群富有学识、关系良好且乐于助人的人坐在一起,但是我的大脑却一片空白!"[34] 有很多原因都会导致人们遇到这样的困难,但不想求助不是其中的原因——不知道自己需要什么才是原因之一。我们当中大部分人的情况非常简单,就是没有形成明确表达目标的习惯或是不清楚自己需要什么才能完成目标。如果不知道目标是什么或实现目标所需要的东西,你就很难提出能够帮助自己前进的请求。

第二个原因是,即便你知道你需要什么,你或许也不知道如何发起求助。人力资本分析专家纳特·巴尔克利和我在一项关于求助、接受与给予的大型研究中发现,表述不当的请求会让你看起来不那么具有竞争力,并且会导致无法获得自己所需要的回应。[35] 我们很多人似乎凭直觉就感受到了这一点。在第4章中,我将告诉你找到自身所需的方法,并且告诉你如何自信、有效地发起求助。

担心自己没有求助的特权

我们认为请求帮助是一种特权,而特权的获得源于给予。

从严格意义上讲，这两种论述都是正确的，但是如果每个人在接受帮助之前都要先给予帮助，那么给予帮助是不会发生的。跳出这种窘境的办法则是要认识到，给予与接受是一个循环，而不是一种双向的交易。这个循环的目标是同时成为给予者和接受者，随着时间的推移，两种行为的发生频率差不多。换一种说法，只要长期保持"收支"平衡，那么在给定的某一天"收支"不平衡也没有关系。这些"收支"没有必要在每个人身上平衡，但它们需要在与你交往的所有人所构成的网络中实现平衡。

换言之，我们必须突破个人给予和接受的行为的连接。给予应当意味着慷慨地帮助他人，即使是那些没有帮助过你的人；接受则意味着当你需要帮助的时候要向他人求助，并怀着感激之心接受帮助。正如我在接下来的章节中所讲到的，有很多方法可以帮助你克服这种障碍，向他人求助。

害怕被当作自私的人

最后，我们常常拒绝求助的原因在于，我们害怕自己被当作为了一己私利不惜牺牲他人利益的自私的人。在2013年的畅销书《沃顿商学院最受欢迎的思维课》中，沃顿商学院教授、管理思想领袖人物亚当·格兰特将这类人划分为获取者：如果能够逃避，则会选择不回馈或不付出。他认为获取者是策略型的计算者，他们只会在这样的情形下帮助你：他们所得到的收益大于他们帮助你所付出的成本。与之相反，付出者会慷慨地不求任何回报地帮助他人。他们专注于贡献，通过分享时间、知识、技能和关系为他人创造价值。[36]

2003年我初次与亚当见面时，他刚刚成为密歇根大学组织心理学方向的博士研究生。而我们如何在一起开展工作是本书的核心主题。

早在亚当进入密歇根大学的数年前，我的妻子谢里尔和我一起开发了一个名为互惠环的工具。我在前文提到了这个工具，我也将在第二部分做进一步讲解。谢里尔是组织开发领域的专家以及数码士公司的创始人，该公司致力于提供社交网络工具和公司解决方案。（数码士公司目前已并入我的给予与获取公司。）当时我们刚刚提出互惠环，认为它是一个强大而简便的工具，可以帮助人们利用热心者之间建立的网络来更加有效地互相帮助。正是互惠环让亚当和我聚在了一起。

我有时会在大学为教职员工主持互惠环的活动。有一次，我受邀主持活动，但由于与其他事先安排好的活动冲突而无法出席。我不想简单地用一句"不"来回应，于是开始绞尽脑汁，尝试找到能够代替我去主持的人。当时我确实还不太了解亚当，但我知道他是谁，也知道他因乐于助人而备受赞赏。当时他甚至以随时准备好用自己的时间和知识帮助他人而远近闻名。于是，我决定冒险一试，邀请他腾出一些时间来主持这项活动。他欣然接受了我的邀请，并招募了一个名叫贾斯廷·伯格的学生（那时他还是一个密歇根大学的本科生，现在已经成为斯坦福大学商学院的教授）来协助。

这次偶然的思想会聚让我们很快开始合作，共同研究互惠环的心理学机制及其结果。简而言之，我为了摆脱焦虑而提出的请求，造就了一段专业而精彩的人际关系。这段关系一直维持到亚当从密歇根大学毕业并在北卡罗来纳大学商学院获得教职。此后不久，他便受聘于沃顿商学院并成为沃顿最年轻的终身教授。作为一名教授、研究者和畅销书作者，他获得了众多成就，我们也一直保持着联系。

同时，谢里尔和数码十公司也一直致力于将互惠环应用到更多的企业、商学院和协会。而我也将这个工具持续应用在我的课程、高管教育、研究和咨询业务中。在撰写本书之时，全球就有超过10万人以十余种语言、在20多个国家和地区使用这个工具。

在过去的数年中，谢里尔、亚当和我不断地受邀采用互惠环，并且将其转变为一个网络工具或是应用程序，但每一次我们得到的结论都是目前的技术还不足以支持这项任务。然而，2016年数字革命的爆发使得技术平台发展到了我们认为它可以将其变为现实的程度，因此，谢里尔和我组建了一个小团队，筹集了初始资金并开发和测试了一些技术原型。亚当作为顾问和合伙人与其他人一起加入了我们，共同建立了给予与获取公司。原型逐渐发展成了Givitas——一个协作式的技术平台，我将在后面的章节中进行介绍。换言之，我当初向一个聪明的博士研究生发起求助，不仅成就了学术研究关系，还促成了商业伙伴关系。

我们围绕Givitas所开展的工作，以及我一直在从事的咨询和研究工作一起，让我不可避免地得出了一个结论：让人们"开口求助"，才是给予这个难题的症结所在。亚当的作品《沃顿商学院最受欢迎的思维课》就塑造了一个非常有说服力的案例：成为一名付出者是通往长期成功的路径之一。但这里的问题在于，如果人们都不愿意成为获取者，你将无法成为一名付出者。给予与接受是一枚硬币的两面，你不能只拥有其中的一面。你需要提出请求来激发给予与接受的循环。当人们不发起求助时，就没有人会给予帮助。在本书中，我将直击人们求助的根本性问题。

在下文，我将展示个人如何让求助成为一种日常的习惯，同时达到接受与给予之间的合理平衡。我也会告诉你，作为团队、科室、部门或整个机构的领导，你应该如何行动才能够在企业当中营造自由求助且慷慨助人的文化氛围。

我们需要先认识和理解给予法则与接受法则的原理。我们的认知是提供帮助比接受帮助更好，但在第3章，我们将解释为什么最好的做法是既要提供帮助也要接受帮助。请记住，给予与接受并不是一报还一报的相互交换，它是一种升级版的互惠——我们称之为"广义互惠"——通过网络驱使资源流动。你将学习4种不同的给予-接受类型以及它们的优点和缺点，并且展开自我评估，诊断出自己所属的类型。但是，不论属于哪一种类型，每个人都可以通过我们在第二部分所提到的工具和策略来成为一名慷慨的给予者和活跃的求助者。

本书的第二部分将讲述适用于个人的可靠工具和实践经验，无论你是团队还是机构的成员，不论你的身份是一名主管、经理还是员工。我把"行动优先"作为这些工具和实践经验的首要原则。[37]人们改变思想和信念最有效的方式就是首先改变自己的行动。如图2.2所示，作为组织变革领域的专家，约翰·舒克认为："采取行动比沉思更容易促进改变。"[38]

旧模型
改变思维以改变行动

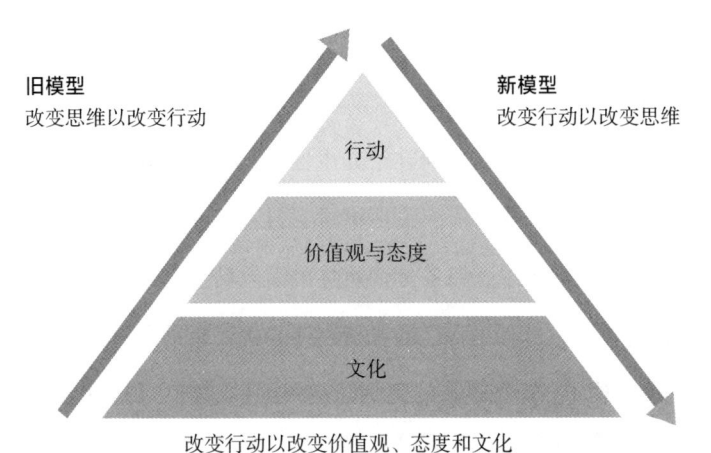

新模型
改变行动以改变思维

行动

价值观与态度

文化

改变行动以改变价值观、态度和文化

图2.2 约翰·舒克提出的"文化改变的方式"

来源：转载自约翰·舒克"文化改变的方式"。

个人和机构做出改变的典型路径是专注于改变人们的思维和信念，以期他们能够自然而然地意识到自己需要做的正确的事情并执行。旧模型几乎不起作用。直接改变人们的价值观和态度非常困难，而直接改变企业文化则更加困难。但是如果直接让人们去尝试新的行为——就像在本书第二部分我们的实验所使用的工具那样，他们则会看到这些改变的价值。经过一段时间，他们的态度就会从"求助是一个糟糕的主意"转变为"求助是成功的关键"。同时，他们的价值观会从"给予比接受更好"的准则转变为"给予法则与接受法则是我们的指导原则"。简而言之，他们会改变自己的想法。持续、重复地执行这个过程，让足够多的人员实施这些新的行为，人们就能够重新塑造企业文化。

第4章的内容是如何在个人生活或是职业生涯中立即开启这项行动。我将通过一个循序渐进的过程逐步引导，先介绍如何明确自己的需求，以及如何将你的需求转变为请求。接下来，我会引导你通过利用自己的社交网络来确认求助的对象。最后，我会告诉你如何处理偶尔发生的被拒绝的情况，如何将"不"转变为新的请求。

在第5章中，我们将考察团队层面：如何创造具有心理安全感的工作场所，这里允许团队成员向其他成员求助或是给予帮助。构建有效的团队始于为成功奠定基础，包括选择合适的人加入团队，这些人选应该是那种给予和求助并举的人，同时建立能够孕育心理安全感的规范，尤其是当团队成员求助和给予帮助之时。我将描述团队领导如何以身作则地强化这种规范，让给予和求助成为每个人工作职责的一部分。我将提供可以用于在团队与组织中建立请求帮助和给予帮助的行为规范的一些工具。

在第6章，我们将进行另外一个层次的讨论，聚焦于如何跨界求助，例如在不同的组织孤岛或是跨越机构的边界求助，以及如何在我们和这个世界的不同的网络之间求助。跨界求助拓宽了给予-接受的网络,实际上,它能让我们找到所需要的答案或资源。我将提供一些可靠的实践经验,这些经验为不同的边界搭建了桥梁,同时也将展示发挥同样作用的数字科技。

第 7 章强调认可、感谢和奖励的重要性。当这些方面被合理地运用时,它们会增强前文所提到的工具和实践经验所发挥的作用。我将介绍如何通过奖励求助的人来增强他们求助的意愿,如何让请求帮助成为一种明确的工作胜任力,以及如何设计薪酬福利体系来奖励集体获得的进展。

读完本书,你将"学会求助",知晓如何在个人生活和职业生涯中实施这个过程,并且从给予法则与接受法则中获益,无论是对个人、小组、团队还是组织来说均如此。

但是在正式开始之前,我想强调这样一点,本书并不是获取者的通行证。恰恰相反。这是一封邀请函——或是一份操作手册——邀请你加入个人的、商业的或职业的网络进行资源交换。请求帮助是一项十分重要的组成部分,因为它会开启给予与接受的过程。而具有奉献精神的企业文化的秘诀,就在于给自己和他人求助的权利。

小结

求助会开启给予与接受的循环，但是有8个方面的障碍会阻止我们求助：一部分来源于心理原因，例如性格太独立或是认为自己没有求助的特权；一部分则是错误的信念，例如认为他人不愿意或者没能力提供帮助，或许自认为请求帮助是一种没有能力的表现。有时你所处的环境也存在问题，例如工作场所会让你感觉到承担风险是不安全的，或是组织的系统、流程和实践会阻碍我们求助他人。还有的时候，原因可能非常简单（因此也好解决），就是我们不知道需要求助什么或是如何求助。在接下来的章节中，我将告诉你如何才能克服这些障碍。

思考与行动

（1）在导致人们难以求助的8个原因当中，哪一个是对你而言最大的障碍？为什么？

（2）你的信念是你最大的障碍吗？（原因1、原因2、原因3、原因8。）如果是，请继续阅读并尝试改变你的信念。

（3）你最大的障碍是不知道要求助什么，以及如何请求帮助吗？或者你认为你没有求助的特权。（原因6和原因7。）如果是，请阅读第4章的内容并采纳其中的建议。

（4）你所处的环境或场景是最大的障碍吗？（原因4和原因5。）如果是，请直接跳到第5章、第6章和第7章。

（5）在你阅读本书的过程中，请坚持写下个人发展日志。记下你的思考、想法和行动。当你准备好之时，请把你学到的内容和领悟分享给他人。

第 3 章

给予与接受

在里约热内卢奥林匹克夏季奥运会筹备期间，意大利餐馆老板马西莫·博图拉萌生出一个创意：回收被居住在奥运村的运动员、教练和官员们浪费的大量食物，并将其转变为健康食物，送给里约热内卢街头无家可归的人们。[1]于是，他和巴西主厨戴维·赫兹联手成立了一家名为"剩食餐厅"的非营利机构来实现这个想法。他们租用了一块土地建起一家餐厅，每天在这里为无家可归的人提供100多顿剩食。在那届奥林匹克运动会结束数年之后，这家餐厅至今仍在运营，而博图拉已经在伦敦、墨尔本、纽约布朗克斯区等地设立了分店。[2]

这项令人鼓舞的行动正是我们通常对给予与接受的完美诠释：将资源从拥有者传递给匮乏者。它也和我们童年时期接受的教育一致：给予比接受伟大。这种观点一直在全世界的宗教和传统思想中被传颂着。[3]根据盖洛普在全球范围内的统计数据，数十亿人在付出他们的金钱、时间去帮助那些需要帮助的人。[4]我们同样看到这样的观点盛行于我们的文化之中。举个例子，在美国，帮助他人就是大学毕业典礼演讲最常见的主题之一。[5]简而言之，给予是一种在全世界范围内被广泛接受的美德。

而给予比接受高尚的信仰并非局限于慈善活动，如给饥饿的人提供食物、向贫穷的人捐钱、为无家可归的人提供庇护所，抑或是向自然灾害或战争的受害者提供人道主义援助。在职业生涯和工作场所中，我们也认为帮助他人是一种美德，是一个良好的组织公民的标志。然而，我们并不确定接受帮助是否也是一种美德。

我赞同给予精神。我相信我们有责任去帮助需要帮助的人。我也相信，慷慨既是一种美德也是一种回报。但是，接受帮助也是一种美德吗？费策尔研究所是一家非营利组织，致力于推动个人和组织的健康与完善。它很好地阐述了这个问题："我们总是倾向于赠予，并把所有的美德都赋予给予者，但对于接受者的美德几乎无所提及。我们常常听到'给予比接受更伟大'。乍一看，这非常有道理。我们希望生活在给予者文化之中。但是，我们鼓励人们给予，就意味着接受是错误的或者接受没有给予伟大吗？"[6]

我把这个问题留给哲学家们争论。但是我发现，虽然人们认为给予是慷慨的，但给予与接受并存却更加伟大。它们更像是一枚硬币的两面，没有接受就没有给予，没有给予就没有接受。让这个车轮运转起来的是求助（见图3.1）。我们的人际关系、职业资源和商业资源的循环很大程度上同时取决于我们能否寻求帮助及我们能否提供帮助。

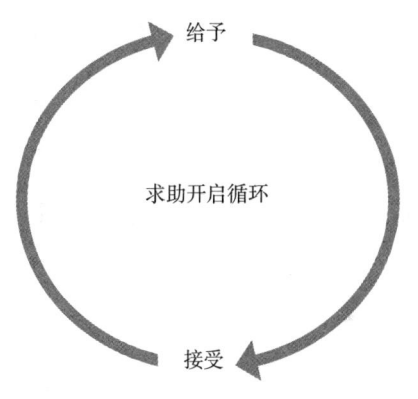

图 3.1　求助能开启给予-接受循环

请你思考你所认识的人中最德高望重和最有能力的一位，你会发现他们往往是最能够慷慨地帮助他人和求助他人的人。亚当·格兰特将这些人称为"利他且自利"的人——他们集对他人的关心和对自己的关心于一身。[7]他们也是为给予-接受循环提供能量的人。

在本章中，我将把寻求帮助放在和给予帮助同样重要的位置：我将它称为"给予法则与接受法则"。我将介绍四种常见的给予与求助的类型，并帮助你判断自己所属的类型：你是一个过于慷慨的给予者、自私的获取者、孤狼还是给予-求助者呢？这些并非人们天生的属性，而是人们对于自己如何发展可以做出的选择。在本书的第二部分，我将提供一系列你可以使用的工具，让你朝着自己期望的方向改变自身的行为。同时，我也将列出遵循给予法则与接受法则的准则。

给予者与求助者的四种类型

我们把给予和接受作为两个不同的维度来考虑。第一个维度代表给予的程度由低到高，第二个维度代表求助频率由低到高。为了明确自己的具体情况，来做个快速的科学评估吧。

表 3.1　求助-给予评估

求助	完全没有	每月1次	每月2~3次	每周1次	每周2~3次	几乎每天	每天多于1次
我请求获取信息	1	2	3	4	5	6	7
我请求帮我完成一项任务	1	2	3	4	5	6	7
我请求获取情感支持	1	2	3	4	5	6	7

（续表）

求助	完全没有	每月1次	每月2~3次	每周1次	每周2~3次	几乎每天	每天多于1次
我请求获取针对个人问题的建议	1	2	3	4	5	6	7
我请求获得推荐或引荐	1	2	3	4	5	6	7
我请求某人资助我或者我的团队	1	2	3	4	5	6	7
我请求同事或朋友将我介绍给其他人	1	2	3	4	5	6	7
给予	完全没有	每月1次	每月2~3次	每周1次	每周2~3次	几乎每天	每天多于1次
我提供信息	1	2	3	4	5	6	7
我帮助他人完成一项任务	1	2	3	4	5	6	7
我为他人提供情感支持	1	2	3	4	5	6	7
我向他人提供针对个人问题的建议	1	2	3	4	5	6	7
我推荐或引荐他人	1	2	3	4	5	6	7
我资助他人或者团队	1	2	3	4	5	6	7
我将同事或朋友介绍给我认识的人	1	2	3	4	5	6	7

说明：本表列出了人们请求帮助和提供帮助的不同方式。请结合自身在过去约1个月的经历进行考虑，包括工作经历和工作之外的经历，然后标示出对应行为方式的发生频率。

得分计算：求助频率，加总7个问题的选择得分后除以7，计算出平均求助频率。利用同样的步骤计算平均给予得分。

日期：_____

我的平均求助得分：_____。我的平均给予得分：_____。

比较：在我们对465位来自各行各业和不同岗位的成年人的调查中，平均求助得分为2.53，平均给予得分为3.21。仅有10%的被调查在职成年人可以被归类为给予-求助者，他们的平均求助得分和平均给予得分都大于4。

在思考结果的同时，请回答以下问题：
（1）你的分数和我们的调查结果相比有什么差异？
（2）你的平均给予得分大于4吗？为什么？
（3）如果你的平均给予得分很低，可以采取哪些具体的行动来增加你帮助他人的频率呢？
（4）你的平均求助得分大于4吗？为什么？
（5）如果你的平均求助得分很低，可以采取哪些具体的行动来增加你请求帮助的频率呢？

两个维度都是连续的数值测度，但我们考虑四种主要类型或风格将有助于分析：过于慷慨的给予者、自私的获取者、孤狼、给予-求助者（见图 3.2）。让我们分别探索每一种类型。

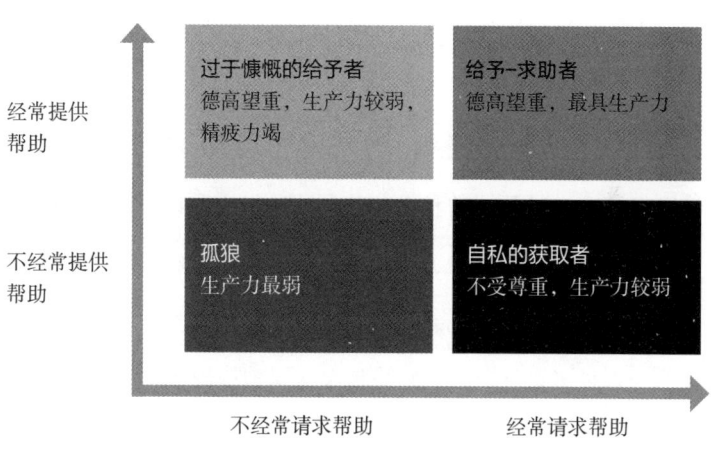

	不经常请求帮助	经常请求帮助
经常提供帮助	过于慷慨的给予者 德高望重，生产力较弱，精疲力竭	给予-求助者 德高望重，最具生产力
不经常提供帮助	孤狼 生产力最弱	自私的获取者 不受尊重，生产力较弱

图 3.2　给予与求助测度分类

来源：2019 年 5 月由密歇根大学的韦恩·贝克和希拉里·亨德里克斯共同开发的评估测度（Copyright © 2019 by Wayne Baker and Hilary Hendricks）。

◎四种"给予"与"求助"类型◎

过于慷慨的给予者

亚当·格兰特在《沃顿商学院最受欢迎的思维课》一书中提到，"你只是单纯地、努力地慷慨分享自己的时间、精力、知识、技能、创意，以及自己与他人的关系，而分享的对象可以从中获益"。[8] 这里隐含的意思是付出者最终会收获益处，但收获的途径可能是间接的。正如我在自己的第二本书《社会资本制胜》中所提到的，"通过践行广义互惠环——帮助他人而不去担心将来谁会以怎样的方式帮助你——你投资的是一张互惠的大网，当你需要帮助时，就可以使用它"。[9]

然而，有时候给予者的给予会过度。7年中，我每年为杰出女性管理者项目讲授两门课程。该项目是针对大型企业的女性高级管理人员开展的私人非营利职业发展项目。在关于战略性关系和网络的课程中，我一直强调慷慨待人和奉献的重要性。年复一年，很多学员都表示反对，认为她们已经帮助了别人并无私地奉献了自己。她们给予很多并感到精疲力竭。

这些管理者正在经历"奉献疲劳"。[10]在我们的讨论当中，她们会在为什么从不寻求帮助方面获得突破。她们太过专注于给予，害怕表现出脆弱或不胜任，以至于拒绝让别人知道自己的需求。但如果这样做，她们也拒绝了来自广义互惠环的能量，最终让自身的能量消耗殆尽。而她们曾经帮助过的对象或想要回报她们的人也会因此感到沮丧。

过于慷慨的给予者是一个诱人的角色。他们因经济学家所称的付出的"温情效应"而感到欣慰。[11]他们沉浸在别人的赞赏之中。他们做好事得到的积极反馈进一步提升了他们的自尊。然而，问题在于，由于没有表达出自己的需求，过于慷慨的给予者错过了他们成功所需的创意、信息、机会、线索、推荐和其他资源。研究也证实了这一点。例如，一项在一家电信公司开展的研究发现，那些给予很多的员工得到的却不多。尽管他们在同行中受到尊敬，但工作效率较低，因为他们没有得到自己所需要的帮助。[12]

在极端情况下，过于慷慨的给予者经历的不仅仅是奉献疲劳，他们的健康和幸福还可能受到损害。给予太多而不关心自己被称为"失调的慷慨"。[13]另一个与此相关的现象是"职业同情疲劳"，这种现象在医疗工作者中很常见，比如临终关怀和姑息治疗护士。它会导致人们出现极度压力、身心俱疲、失眠等情况。[14]

如果你是这种过于慷慨的给予者，那么一定要知道情况是有可能改变的。我将在后文提供一些久经考验的策略来帮助你即刻开启根据自身所需提出请求的进程。

自私的获取者

另一种类型，即自私的获取者，对"求助就好"的建议接受得太过了，他们容易忘记或忽视自己对他人的义务。顾名思义，他们如此关注自己，以至于很少（如果有）回报自己获得的慷慨。或者就像我的一位在国际商业机器咨询（IBM Consulting）公司工作的朋友描述的那样："他们就是海绵！他们吸进了周围的每一样东西，一滴也不会还回来！"自私的获取者可能会在短期内受益，但最终其他人会明智地停止帮助他们。我们奖励慷慨，也惩罚吝啬。[15]

当然，不要误会我的意思：在某些情况下，我们所获取的可能比我们给予的多。例如，新员工可能只有在向别人请求帮助之后很久才有能力向别人提供帮助。而那些落魄的人可能别无选择，只能接受帮助，才能重新站起来。当我们谈论自私的获取者时，上述情况并非我们所指。

好消息是，即便是最自私的获取者也会在适当的情况下给予。我和得克萨斯大学的希恩·莱文共同开展的受控实验证实了这一点。[16]首先，我们评估了实验参与者关于给予和接受的基准值。然后，我们把他们分成不同的实验小组，让他们玩所谓的"间接帮助游戏"（思考如何传递帮助）。在实验中，这事关真金白银。我们控制的是，向其他人传递的决定是公开宣布的，还是私下做出的。果不其然，我们发现那些有获取者价值观的人在公开时比在私下时更慷慨。然而，给予者无论在哪种情况下都会选择给予。

亚当·格兰特和我采用了类似的方法，我们把给予者和获取者同时放在了互惠环中。亚当非常友好地和我打了个赌：他认为获取者在任何情况下都不会给予，而我则认为他们会。为了找到答案，我们评估了参与者的给予-获取价值观，让他们加入互惠环，然后计算每个人提供了多少帮助。结果是什么呢？我们都是对的。获取者会给予，但是他们给予的程度比给予者低。

为什么给予者不论如何都要给予呢？亚当说，当给予公开进行时，获取者会"因为慷慨地分享他们的知识、资源和关系而获得声誉利益。而如果他们不付出，就会显得吝啬和自私，他们自己的请求也无法得到同等的帮助"。[17]我将此称为"百乐餐原则"：自私的人会带一道菜去参加百乐餐，因为不这样做就会太显眼，更不用说令人尴尬了。换句话说，获取者表现出了所谓的"开明的利己主义"：当他们相信这对他们的长期利益有利时，他们就会给予。我在本书的第二部分中介绍的许多工具都是为了通过公开给予和接受来激励获取者选择给予的。

孤狼

孤狼是顽强的个人主义者。他们重视自力更生，所以很少寻求帮助。他们也不倾向于给予。有些人故意选择孤狼式的工作方式，（错误地）认为通往成功的道路是埋头苦干，因此他们专注于自身的任务，独自奋战。他们将成功视为通向塔尖的竞赛，所以，为什么要减速或停下来帮助其他选手追赶呢？

孤狼不被看好，因为他们不帮助别人，同时，他们自身的表现也会不佳，因为他们得不到所需的帮助和资源。[18] 此外，独自行动使他们与周围的人失去联系。这种社会孤立带来了双重打击：大量研究清楚地证明，社会联系和丰富的社会资本可以提高绩效，而孤立和匮乏的社会资本则会削弱绩效。[19]

社交孤立往往是工作场所运转失调的一个症状。我的妻子谢里尔曾在医疗保险领域的一家全国性协会担任高级分析师。在该组织的文化中，每个人都应该自给自足。员工们应该待在自己的办公桌前，安静地独自完成任务，而求助则被视为不称职、无法胜任工作的明确标志。即使日常聊天也被认为是浪费时间。像很多同事一样，谢里尔很快就跳槽去了另一家公司。而协会领导人对该组织为何难以留住员工感到困惑。

除了工作上的影响，独来独往还会对人们的健康、快乐和幸福造成伤害。[20] 研究甚至发现，老年人的社交孤立与孤独是身体功能下降和死亡最重要的预测变量。[21] 对年轻人而言，这种社交孤立感则会"损伤执行能力，影响睡眠及身心健康"。[22]

尽管我们的文化让顽强的个人主义的神话经久不衰，但不论是做一个过于慷慨的给予者，还是做一个自私的获取者，都比做一只孤狼好。即使是获取者也和这个世界保持着联系，他们并不孤单。

给予-求助者

给予-求助者践行并享受给予法则与接受法则。通过提供帮助，他们赢得了慷慨的名声；通过寻求帮助，他们获得了成功所需的东西。大量研究表明，这正是我们应该努力实现的平衡。例如，在对一家电信公司的研究中，最有生产力和最受尊敬的员工是那些经常提供帮助且经常得到帮助的人。[23]

遵守该法则的公司也能从中获益。艾迪欧公司是一家以持续的创造力和创新而闻名的设计公司，它的成功在很大程度上归功于其强大的"互助文化"，在这种文化中，员工乐于分享他们知道的东西，并在他们需要的时候寻求帮助。[24] 我在上一章提到的门罗创新公司将给予和接受融入工作。这些例子只是众多案例中的一小部分，它们展示了给予和接受如何赋能你和周围的人去创新、执行并创造价值。

请记住，给予法则与接受法则不是直接的互惠，比如："我帮助你，你帮助我。"它是帮助别人，不管这些人是否帮助过你，或者将来是否会帮助你；它让你在需要的时候寻求你需要的东西。

这不仅让你的工作受益，也能帮助你提升日常的满足感和幸福感。亚当和我在一项研究中测度了参与者参与互惠环之前和之后的情绪，包括积极和消极的情绪。我们了解到，当人们提供帮助或得到帮助时，他们的积极情绪会增加而消极情绪会降低。这是因为提供帮助产生了给予的温情效应，而接受帮助则产生了"温暖且莫名"的感激之情。

提供帮助传递着慷慨，而欣然接受则是对给予和接受网络的投资。随着时间的推移，这些投资将带来丰厚的回报。

在遵循给予法则与接受法则的过程中，请记住以下4条准则：

- 无条件地给予；不求回报地给予。
- 自由地给予，但要明确自己的极限；避免奉献疲劳。
- 当需要帮助的时候，毫不犹豫地求助，但要避免依赖型求助。
- 眼光放长远。任何时候，你都可以给予更多或接受更多；长远来看，努力成为一名既能给予又能求助的人吧。

小结

给予与接受由求助开启循环。给予法则与接受法则告诉我们应当努力平衡提供帮助和获取帮助。过于慷慨的给予者提供了太多帮助，导致自身的生产效率降低、奉献疲劳，甚至更糟糕的状况出现。自私的获取者能够自由地求助，但却忽略了提供帮助的义务，而他们的声誉也因此受损。孤狼是最糟糕的情形，他们不参与给予-接受循环的任何部分。如果人们能够自由地帮助他人并在自己需要帮助时请求帮助，他们将备受好评并具备最高的生产效率。这些给予-求助者因慷慨而备受尊重，并且因为获取了自身需要的资源而有了更高的成就。

思考与行动

（1）你遵循给予法则与接受法则的程度如何？

（2）你属于四种类型中的哪一种？为什么？这有助于你实现自己的目标吗？

（3）求助的行为会让你脱离自己的舒适区吗？如果会，为什么？

（4）此刻，你需要什么来解决自己的问题或是取得进展？去求助吧。

（5）观察你的周围。有你可以帮助的人吗？有需要帮助的人吗？

（6）找到一种方式去帮助这个人。如果你不能直接提供帮助，那就介绍一位可以提供帮助的人给对方。

第二部分

求助工具包

第 4 章

明确需求,按需发声

"你要学会求助。"

金智惠是密歇根州安阿伯市津格曼商业社区的管理合伙人。当被问及职业生涯中积累的最优秀的商业经验是什么时,她做出了这样的回答。[1] 津格曼的年销售额超过 6 500 万美元,旗下包括十几家在手工食品业和酒店业获奖的企业。但金智惠的职业生涯并不是从食品行业开始的。她在韩国首尔长大,喜欢传统美食,但从未想过把食物作为一种职业选择。最初,她以密歇根大学国际学生的身份来到安阿伯市,获得了经济学和政治学学位。毕业之后,她在新泽西州一家外包公司工作,该公司主要帮助医院处理人力资源、会计和其他行政事务。她的努力、长时间工作以及在工作中学习的能力得到了回报。大学毕业三年后,她就在新泽西州一家类似的公司获得了高管职位,年薪六位数。

既然有在商业行政管理领域如此辉煌的开始，金智惠是如何——以及为什么——最终回到密歇根，在食品行业发展的呢？原因当然是爱。在安阿伯，她遇到了心爱之人。他们结婚后，丈夫留在安阿伯做一份他喜欢的工作，而金智惠继续在新泽西工作，每个周末都飞过来看他。金智惠的收入不错，但对工作却越来越失望，同时厌倦了与丈夫分居的生活。最终，她攒够了辞职的钱，在安阿伯定居，并给自己留出了思考的时间："我想要什么样的生活呢？"

一个周末，金智惠和丈夫为朋友们举办了一场派对，并雇用了附近的津格曼熟食店来承办。她惊叹于这家店的美味食物和员工们开心的状态。大约在同一时间，她在《纽约时报》上读到了一篇关于津格曼成立25周年的文章，文中谈到了该公司的国际声誉、独特的组织方式以及创建新型食品相关业务的愿景。随后，金智惠在《公司》杂志上看到一篇文章，上面写到津格曼是"美国最酷的小公司"，她决定去那里工作。她申请了熟食店和面包店的职位。当面包店以缺乏相关经验为由拒绝她时，她很失望。后来，熟食店约她面试餐饮部门的工作，同意试用她，但最后却没有录用她。她打电话给招聘经理，成为众多人中第一个提出问题并成功转变为合作伙伴的人。"您能告诉我哪些地方我可以做得更好吗？"她问道，并补充道，"我还会再次申请的。"经理想不出她做错了什么，但说下次有职位空缺的时候会考虑她。经理履行了诺言。不久之后，金智惠在熟食店获得了一份每小时9美元的工作，销售来自世界各地的奶酪和橄榄油。在熟食店做零售"真是幸运"，她回忆说，"因为它让我一直保有好奇心"。"了解产品"是津格曼的准则之一，因此，她有很多关于奶酪制作、橄榄农业、食品化学、种植者和供应商等方面的知识需要学习。她喜欢津格曼的正能量，每周工作30~40个小时——她过去在新泽西州每周要工作70多个小时，因此新工作让她感觉就像在度假。

然而，几年后，金智惠开始不满足于现状。她回忆道："我有大把的时间。"在熟食店工作的时候，她对食物和烹饪有了新的认识，所以她决定开始尝试在自己的厨房里开展料理实验。她很快就完善了家人的饺子配方，并开始在朋友的日料店出售。金智惠随后了解到津格曼的新商业发展模式，即员工可以提出商业创意，并接受成功商业模式所需的培训、实践和教育。那些在这个过程中获得成功的人可以在津格曼的羽翼之下开展新业务。

金智惠和一位同事一起在朋友聚会上测试了一些配方。人们似乎很喜欢这些食物，但金智惠知道，要开一家餐厅，她还有很多东西需要学习。她明白，如果需要帮助，她就要开口。有一次，她亲自烹饪并举办了一次大型聚会，要求客人们对她的菜给出反馈，然后回去改进配方。之后，她请一位在津格曼熟食店做品尝会的朋友帮她办一场活动。她甚至让这位朋友分发和收集品尝会的反馈表，并进行数据分析。当她资金不足时，她找到了津格曼的创始人之一保罗·萨吉诺，请求公司提供一张信用卡来支付未来的开支，并聘请一名会计来保障财务运营。保罗同意了。金智惠说："求助很容易，但你必须知道你需要什么、有什么资源可寻求，以及该向谁求助。"

在此期间，金智惠正在当地活跃的美食圈建立自己的关系网。有一次，一位拥有热狗车的朋友建议她下一步尝试开一辆亚洲街头小吃车。她喜欢这个想法，但自己没有足够的人力和资金来实现它。因此，她邀请保罗和他的伙伴阿里一起工作。当他们同意后，金智惠让他们去寻找并购买一辆二手推车，然后在安阿伯找地方停放它。"我从不羞于让他们付钱，"她回忆道，"作为回报，我将充分利用每一个机会。"在开始餐车业务之前，保罗建议她和她的合作伙伴去亚洲研究食物。金智惠让津格曼报销了自己前往日本、韩国，以及中国香港地区和中国台湾地区的机票，并询问研究期间能否住在这些地方的朋友和熟人家里。

回来后，她和合作伙伴就开始准备餐车了。运营一个季度后，她的合作伙伴认为这不是自己想做的，所以双方分道扬镳。金智惠继续推着餐车经营了三个季度。她意识到自己需要提高水平，于是提出请求，希望在津格曼熟食店的准备厨房以及三明治生产线工作，在那里，她可以学习如何大批量生产食物。她还提出，想在安阿伯的一家全菜单餐厅"津格曼客栈"当调味师。最后，她决定是时候去获得一些"舞台"经验了——实际上是去一些高端的韩国餐厅做无薪实习生。她在纽约市找到了一家，发出了求职信，但没有收到任何回复。她继续发邮件跟进，却仍然没有回应。于是，她买了一张机票，直奔餐厅，请他们接收她。餐厅同意让她工作一天。一天结束后，她请求继续工作。"如果不是太麻烦，我想在这里待两个星期。我会倒垃圾、切菜，你想让我做什么工作都行。我可以来吗？"最终，她在那里待了两个半星期。

在津格曼工作了近十年后，她开了一家高档韩国餐厅"金小姐"。我和我的家人在那里吃过很多次，大家都说店里的食物棒极了。虽然付出了很多努力，也多次请求他人的帮助，但金智惠的梦想终于实现了。

"我学到的最具颠覆性的事情，"她解释说，"就是成为一名合伙人……不是放弃控制权，这曾经是我最关心的问题。我意识到，我不是什么都懂。我了解到，这是关于在一个集体中保持独立的同时与其他人一起协作的问题。它关乎通过获取更多的信息、积累更多的经验来做出更好的决定……这意味着你承诺成为集体的一部分，参与对话，并在需要的时候提供帮助和接受帮助。"

换言之，金智惠学会了如何践行给予法则与接受法则。

和金智惠一样，或许，你幻想着自己有一天会经营自己的企业。你可能正在自己的组织中走向领导者的角色。你可能是一个努力奋斗的新员工，正在试着适应工作要求、与同事好好相处和摸索规则。你可能即将迎来升职、换新工作，甚至是全新的职业。你可能是一名创业者，正在寻找下一个成就创业梦想的创意。你可能正处于自我发现和自我发展的旅程之中。你可能正在寻找全新的方式为家庭或社区做出积极的贡献。

无论你走的是哪条路，有一件事是肯定的：学会求助将帮助你更接近你的目标——无论是建议、指导、信息、材料、推荐、资金，或者只是一个友好的倾听者。记住，我们需要的东西往往比我们想象的更容易得到，而人们通常会比我们想象的更慷慨。然而，即使我们认识到这一点，我们仍然纠结。为什么呢？

有时候，问题在于我们不知道自己到底需要什么。我们可能意识到自己被困住了,但不确定如何才能继续前进或加快速度。例如,当我的一个同事为了一份新工作从纽约搬到圣弗朗西斯科时,他离开了满是朋友和家人的社区,所到之处没有熟人。[2] 新工作让他非常忙碌,但同时也让他感到孤独和不知所措——他不知道自己需要什么帮助。

有时候,我们可能确切地知道我们需要什么,但不知道向谁求助。有时,我们知道自己需要什么,知道谁能给我们,但就是不知道如何用一种强有力的方式表达这个需求。

在本章中,我提供了一个简单的循序渐进的过程来帮助你弄清楚该求助什么、该求助谁,以及如何用一种能让你获得肯定答复的方式去求助。然而,这些方法的基础是,你需要认识到,求助是一种特权,而不是一种权利。本章的主题是求助,但它体现了给予法则与接受法则的精神——它意味着承诺给予帮助、请求帮助和接受帮助。

确定目标和需求的方法

以终为始。它的含义是,在确定自己的需求之前,你首先必须了解自己最终想要完成或实现什么。意义明确的目标不仅在你识别需求时有用，实际上，它是一剂为生活带来满足和幸福的处方。[3] 目标提供了结构、意义、意图和限制。朝着有意义的目标前进会给你信心。追求目标通常需要你与他人交往，建立积极的关系，这种关系能带来快乐。[4] 但是，并非所有的目标都"生而平等"。最有可能给你带来幸福的是发自内心设立的目标，这意味着你发现它们本身就十分有趣、鼓舞人心，让你充满活力，而不仅仅是达到目的的一种手段。[5] 它们是真实的，代表了你的激情、兴趣、优势和价值观，而不是那些由父母、同侪压力、你的老板或你"应该"做什么的感觉为你选择的目标。

我的工商管理学硕士学生在应聘时，常常难以忠于自己真实的目标。以劳伦为例，她是一个擅长经济和金融的商科学生。[6] 随着毕业典礼的临近，她感受到了同侪压力。这种压力驱使她去华尔街工作，尽管她想在非营利机构工作。在一家金融公司度过了不愉快的两年之后，她离开了公司，在华盛顿特区的一家非营利机构做了一份薪水很低的工作。最终，她回到学校，获得了公共政策专业的硕士学位，现在在非营利机构"为美国而教"开心地当一名经理。

不难看出，与我们的真实目标重新建立联系可以激励我们不惜一切代价去实现这些目标。但有时，我们或许不得不追求不真实的目标，或者追求自己并没有全身心投入的目标。这些可能是对你的正式工作的部分描述，或者是老板传递给你的东西。当这种情况发生时，牢记最终目标是有帮助的，它是你想要实现的长期目标。也许你的长期目标是晋升到公司的高级职位。如果成功完成老板丢给你的缺乏激励的项目能够帮助你达到目标，那么，你可以从一个新的角度来看待被他人指定的目标：这是晋升道路上的一块垫脚石。从这个角度来看，被指定的目标更容易实现，因为它有助于你致力于自主选择的长期目标。

此刻，你的生活中最有意义的目标是什么？你需要什么来实现它们？你可能马上就知道答案了。如果是这样，请跳到下一节（"将需求转变为机智的请求"）。如果不是，这里有一些练习可以帮助你弄清楚你的目标是什么，以及达到目标需要什么。你可以选择其中任何一种方法或所有的方法，但是，你可能想先尝试快速启动法，然后以此为起点继续前进。

（1）快速启动法

思考一下，完成这五个句子。如果你被其中某一个问题困住，先跳过，去看下一个问题。

A. 我目前正在做

_____

　　我可以利用他人的帮助完成
_____

　　B. 我最紧急的一项任务是
_____

_____

　　我需要
_____

_____

　　C. 我做起来有困难的是
_____

_____

　　我可能获得的帮助来自
_____

_____

D. 我的生活面临的最大挑战之一是
_____
_____
_____

我需要获得的建议是
_____
_____
_____

E. 我最大的期望是
_____
_____
_____

我需要
_____
_____
_____

在7年多的时间中,积极组织中心的总经理克里斯·怀特成功地领导了这家机构并使之蓬勃发展。之后,在转而领导私营机构时,他使用了快速启动法。"我目前正在建立一家咨询公司，"他写道，"随着业务的发展，我可以利用别人的帮助来决定最佳的业务结构。我需要明确合伙企业、有限责任公司、小型企业公司和股份有限公司的优点及缺点。"[7] 一旦发现了这种需求，他就意识到自己应该请教几位成功的企业家，请他们分享他们的见解，同时，还要向会计师咨询税务建议，并向律师咨询法律指导。

（2）目标描述法

如果你已完成了一个句子或更多句子的开头，那么请选择最能激发你活力的一句，迈进到下一部分吧（"将需求转变为机智的请求"）。但是，如果你发现自己很难完成上述句子，那么，你可能需要更多的努力。请查看下一页的目标描述法模板，挑选出对你来说最紧迫的类别，不管是你的工作、职业生涯、商业、健康/健身、家庭、精神/宗教还是社区。在对应区域写下你最重要的目标，并按照以下简单步骤进行操作。

描述目标。 描述你正在努力的具体细节，并确保其中包括为什么这个目标对你来说是有意义的和重要的（如图4.1所示）。例如，当我们公司的首席执行官拉里·弗里德做这个练习时，他选择了"商业"这一类别，并将"开发知识协作的指标"作为他的目标。拉里是这样描述这个目标的："你无法管理没有测度的东西。我们希望开发一套度量标准，使人们能够在个人层面、团队层面和组织层面上度量知识协作的强度。这非常重要，原因在于它将使我们的客户改善其组织中的知识协作，并且让我们能够展示 Givitas 的价值。"

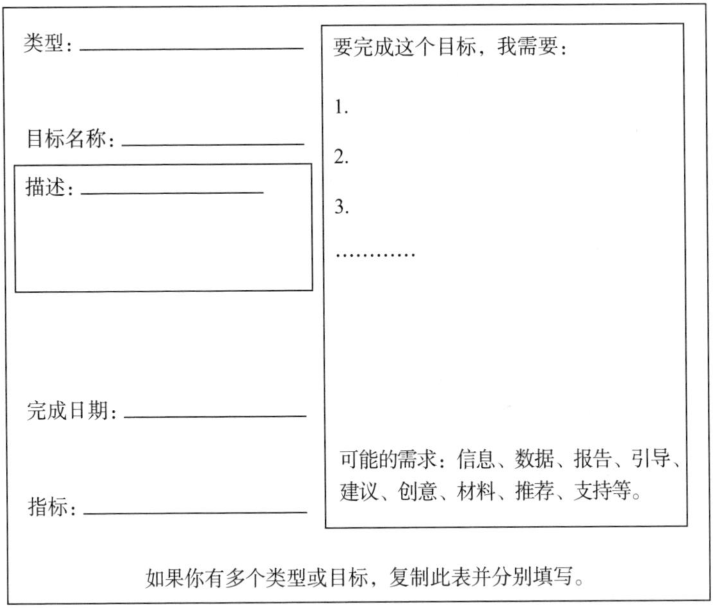

```
类型：_____        要完成这个目标，我需要：

                               1.
目标名称：_____
                               2.
描述：_____
                               3.

                               …………



完成日期：_____        可能的需求：信息、数据、报告、引导、
                               建议、创意、材料、推荐、支持等。
指标：_____

        如果你有多个类型或目标，复制此表并分别填写。
```

图 4.1　目标描述法模板

在引导人们开展清楚地表达目标的练习时，我注意到"为什么"常常被忽略。当人们提到"发展事业"或"花更多的时间和我的配偶或合伙人相处"这样的目标时，人们认为"为什么"是不言而喻的。但事实是，有时候在我们试图表达"为什

么"之前，我们甚至不知道我们的"为什么"是什么。

反思之所以十分关键，是因为它让目标变得清晰。它可能会提醒你为什么目标如此有意义、如此重要。对你来说，这不仅是能量和动力的来源，还有助于激励和鼓舞与你目标相同的那些人。同样地，反思也可能会帮助你意识到，目标对你来说并不是那么真实，而最好的做法是放弃这个目标。

确定目标完成日期。选择一个你希望达到或完成目标的具体日期。即使这个日期是基于愿望或最理想的情况，将它写下来也会促使你去思考整个努力过程。你可能会发现，如果把目标分解成多个步骤或设置中间目标，最终目标就不会那么令人生畏了。比如，拉里选择了5月1日，也就是他制订目标工作表的12周之后。这是一个雄心勃勃但可行的时间框架。

选择一个度量标准。你需要一个客观的度量标准，它将清楚地告诉你是否在指定的日期前完成了目标。否则，它就会像一场没有终点的赛跑——你永远不知道自己有没有赢。拉里为他的目标指定了两个相关的指标：为Givitas创建一个测量系统，这个系统既适用于不同规模和类型的组织，又可以通过允许客户将自己的组织与其他组织进行基准化比较，为客户提供价值。

确定需求。一旦你明确了目标、对目标进行了描述、确定了目标完成日期并提供了一个度量标准，下一步就是确定你需要什么资源来实现目标或取得有意义的进展。例如，拉里需要招募各种各样的组织来使用 Givitas，这样他就有了一个庞大而多样的数据集来开发 Givitas。他指定了自己将邀请参与的组织的数量、类型和规模。

值得注意的是，资源有很多形式，从有形的（如物质资源或贷款）到无形的（如向别人推荐或介绍）。你需要什么取决于你想要完成什么。下面是一些例子。但是，请注意，这些内容并没有穷尽所有可能性。

信息：关于某事或某人的事实、知识或数据。例如：A."在工作中，我们的目标是重新设计我们的激励计划，使其更有效。有人了解有关有效激励计划的事吗？"[8] B."我正在开发一种新算法，用于优化向客户销售的批发价格，我需要有关定价历史的数据来测试和完善它。"

建议：对某一特定问题、难题、人或情况应采取何种行动的明智的意见或专家意见。例如：A."在工作和职业生涯中，我没有取得什么进展，我需要从那些曾经陷入困境并摆脱困境的人那里得到建议，然后继续前进。" B."30年后，我们要退休了，要转让我们的生意。我们需要关于如何转让、如何避免陷阱以及如何为业务估值的建议。"

推荐：对某个人、某个地方或某件事的背书。例如：

A."我们正在利用数字平台替代内部的自主管理发展计划，以使我们的员工以自己的节奏参与。你能推荐一个有效的平台吗？"B."我正在申请一份新工作。你能为我写一封推荐信吗？"

引荐：让一个人与另一个人建立联系以获得信息、建议、服务等。例如：A."我们正在计划开年度全体员工会议。你能为我介绍任何领导力、团队动力、职业发展或相关问题的专家演讲者吗？"B."我正在上中学的女儿为学业感到煎熬，我想她可能有学习障碍。我需要认识一位可以进行专业评估的专家。"

财务资源：现金、预算承诺、贷款、捐赠、拨款、慈善捐助等。例如：A."我们的团队已经完成了明年的预算，如果我们要实现销售目标，我们需要在去年的年度预算基础上增加10%。我们正在寻找更多的资金。"B."我们公司创建了一项基金来支持员工开展研究或申请专利。这笔钱是拨款，而不是必须偿还的贷款。我们现在正在寻找申请人。"

人力资源：受薪雇员、小时工、临时工、实习生、志愿者等。例如：A."我们正在为生产线增加第二个班次，我们需要雇用具有相关经验的新工人。"B."由于团队的两个成员计划休短假，我们需要雇用临时工来代替他们。"

参与度：招募人员加入群组或参加一个项目或活动。例如：A."我正在准备6月的特许金融分析师一级考试。如果有人想共同学习、探讨、复习备考，欢迎联系我。"B."我们正在成立一个工作组来解决我们制造过程中的产品缺陷问题。你想加入吗？"

物质资源：材料、用品、设施空间、办公室、厂房、设备等。例如：A."我即将与外部供应商签约，以进行一项化学分析。我正在我们公司寻找一间实验室，那里也许可以进行分析，并且会是更划算的选择。"B."随着所有新员工的加入，我们的办公空间十分紧张，需要额外的办公空间。模块化空间或临时空间会是不错的选择。"

无论你需要什么，一定要具体。接下来，让我们进入"将需求转变为机智的请求"部分。

（3）愿景法

我已经和数百人一起尝试快速启动法和目标描述法，所以我已经看到这些方法可以有效地让你清楚地知道自己需要什么。如果你使用了其中一个或两个方法，就可以将需求转变为请求了。然而，还有一种更有效的方法来确定你的目标：愿景法。这种方法比其他两种方法更耗时，但很多人发现这个额外的步骤值得投入时间和思考。

愿景法是一种确定你想要的结果的方法。这不是关于你将如何实现一个目标（我们很快会讲到），而是关于成功是什么样子的。它不是使命宣言或战略计划，也不是短语、口号或标语。在某种程度上，一个愿景就是一个故事。这个故事不是基于幻想或虚构的意义，而是基于想象力。它并不是希望某些事情发生，而是要弄清楚你倾向于让什么发生。通常，愿景以叙述的方式呈现，采用现在时语态（尽管它是关于未来的故事）。你可以为自己的职业、个人生活、新项目、产品或整个公司制定愿景。我见过几乎所有事情的愿景，从家庭度假到退休计划等。

例如，当我成为罗斯商学院管理与组织系系主任时，我和同事一起做的第一件事就是共同为我们系制定一份五年愿景。这份愿景涵盖4个领域：出色的研究，优秀的教学，工作的好地方，以及我们社区的活跃分子。

愿景法的想法和实践起源于密歇根大学社会研究所的社会科学家罗恩·利皮特。当时，他称之为"期望的未来"。[9]在对许多真实团队开展的研究中，罗恩观察到了一个共同的模式：那些立即发现问题并讨论解决方案的人很快就失去了精力，并没有取得很大进展。于是，他做了一个实验，让一些团队构想他们的愿景。对未来的成功及创造成功的过程有了想象之后，成员们的精力、兴奋度和动力增加了，这使他们能够解决当前的问题，并取得更有意义的进步。

我了解到愿景还应该具有启发性、策略性、沟通性，以及被记录在册。[10]"具有沟通性"就是求助的环节。当你分享自己的目标时，就是在寻求帮助来实现它。一旦人们知道了你的目标，你会惊讶于他们是多么乐意提供想法、建议、人脉和其他资源来帮助你实现目标。

将需求转变为机智的请求

那是我结婚十周年纪念日之前的夏天。当时，我和妻子都是《埃默里尔秀》的粉丝，这是一个流行的烹饪节目，由著名厨师、餐馆老板和烹饪书作者埃默里尔·拉加斯主持。节目的每一集都是在观众面前现场拍摄的，坐在前排的嘉宾可以品尝埃默里尔做的美食。一天晚上，正在看节目之时，我问妻子她想做些什么来庆祝我们即将到来的十周年纪念日，她毫不犹豫地回答说：我们应该去参加《埃默里尔秀》的录制，以庆祝我们的重要纪念日。我倒吸一口气，担心自己吃不消。在我看来，获得演播室里的席位比我们中彩票并在同一天被闪电击中还要难。

如果我想获得两张票，我就需要求助。

但是，如何才能做到呢？我的第一步是将这种需求转变为请求。尽管那时我还不知道该向谁求助，但我首先需要弄清楚我该如何求助。

一个精心设计的请求应当满足SMART①的标准：具体、有意义、行动导向、现实性和时限性。你或许听过SMART其他版本的定义：具体、可度量、可分配、现实性和与时间相关。[11]我将M定义为"有意义"，因为解释请求的"原因"会赋予它力量。你可能也听说过A被定义为"可实现"。我更喜欢把A定义为"行动导向"，因为行动是你获得实现目标所需的资源或朝着目标前进的方式。

具体。 人们经常认为提出宽泛的、笼统的请求是有效的，因为它撒下的网更广。但事实上，一个具体的请求比一个模糊的请求更有帮助，因为细节会触发人们对他们知道什么和知道谁的记忆，而笼统的请求无法做到这一点。我听过的最模糊的请求是一位来自荷兰的高管在我举办的一场活动中提出的——他求助的内容是"信息"。就是这样。一个词。"信息。"当我要求他详细说明时，他回答说："我只能说这些。这

---

① 该词本身的意思包括"机智的""明智的"。——编者注

是保密的。我需要信息。"不出所料,他那天没有得到任何帮助(尽管他最终向他人提供了帮助)。

有意义。为什么这个请求对你而言很重要?当别人知道你为什么提出这个请求时,他们会更有动力做出回应。不幸的是,人们在求助时常常忽略这一标准。他们认为求助的重要性是不言而喻的,但它从来都不是。你必须解释为什么这项求助对你来说是有意义和重要的。

当我计划求助以得到这两张票时,我知道自己必须解释为什么这些特殊的票是如此有意义和如此重要的,而不是"哦,要是能看到埃默里尔的现场录制该有多好啊"之类的请求。一个有说服力的包含原因的请求会促使其他人做出回应。它提供了能量和灵感。作家西蒙·斯涅克说,原因激励人们行动起来。[12]

在某些情况下,"为什么"不只是关于对你自身有意义的东西。如果你正在向你的老板提出请求,你的请求如何符合他/她的目标、目的和优先级呢?你的请求如何为组织的更大利益服务呢?如果你是一位向投资者推销的企业家,你不会只说你想要100万美元,你还会解释为什么自己正在寻求资金,你或你的公司正在解决什么问题,为什么你是解决这个问题的合适人选,以及为什么他们的投资将为参与其中的每个人带来收益。无论提出什么请求，请务必考虑背景环境并让"为什么"不只是关于你自己的。

行动导向。请求和目标是不一样的。目标是一种终极状态、一个目的地。请求是你在通往目的地的路上发出的行动号召。人们经常会犯这样的错误：陈述目标或描述情况后，假设其他人会凭直觉知道需要采取什么行动。现实通常不是这样的。在我参加过的职业生涯训练中，一位参与者说他的请求是"帮助他从金融行业转到营销行业"，但没人知道他到底想要什么。他想找人推荐吗？他需要转行建议吗？经过一番询问之后，大家才知道，他真正想要的是坐下来和营销人员谈谈，这样他就能更好地了解营销这一行业的实际工作内容。

现实性。你求助的内容可大可小，但它必须是现实的。我并不是说你应该只在确定可以满足的情况下才求助，我是说这个求助在战略上必须是合理的。想想我需要拿到两张去《埃默里尔秀》的票的例子——机会非常渺茫，但在可实现的范围内（相比之下，两张去月球的票是不现实的）。

时限性。每项求助都应该有一个截止日期。如果不知道我什么时候需要这两张票，那谁能帮我呢？很多人不喜欢给他们的求助加上截止日期，因为他们担心这样看起来要求太苛刻了。然而，根据我的经验，这种担心是没有根据的。事实上，人们更喜欢有截止日期，因为大家可以评估自己能否在截止日期前完成任务，或是让他们能够为该请求留出时间。"本季度某个时候"或"明年"这样模糊的最后期限会导致无所作为或拖延。这样的期限不能激励人们做出回应。如果你的需求很紧急，请说出来。即便事情不紧急，你也需要指定一个截止日期。

明确向谁请求帮助

一旦你知道你需要什么，并精心设计了你想要提出的请求，下一步就是弄清楚该向谁求助。有时，你会确切地知道谁是正确的人选，那么你可以直接请求相应的对象。但其他时候，你需要做一些跑腿的工作。关键是要弄清楚"谁知道什么"（有时被称为"知识网络"）和"谁认识谁"（"社交网络"）[13]，以便找到你需要的拥有专业知识或资源的人，或者认识并能为你引荐这样的人的人。

一般而言，当我们需要某样东西时，我们会从认识的人开始问。但是，虽然你在自己的朋友圈里可能感觉最舒服，现实却是很多资源都在你的朋友圈之外。当涉及想法和信息时，当我们只依赖自己紧密联系的圈子时，我们就在冒群体思维和意见一致的风险。[14]

走出核心圈子会让人感到有些不知所措。这个世界上有这么多人，我们究竟从哪里开始寻找某个人去接触特定的来源或信息呢？离家近——更确切地说，离工作单位近——是一个很好的开始，我们可以获取公司的人事资料，访问知识数据库（成员专业知识的简介），或者查阅同事的领英资料。[15]从这里出发，你可以扩展到行业博客，比如美国商务部的美国国家标准与技术研究院的制造业创新博客，或者《哈佛商业评论》的博客。也可以考虑接触专业的机构和协会，比如人力资源管理协会或美国国家科学、工程和医学研究院。

一旦你找到了认为可能拥有你所需方面的人，联系他/她，即使这个人和你之间仅是一个非常松散的连接（比如一个朋友的朋友），或者对方是一个完全陌生的人。专业服务公司的一位欧洲主管描述说，有一次他准备在欧洲向一个新客户推销，需要一些背景知识。[16]他询问了自己的员工和办公室里的其他人，但没有人知道他需要的信息。因此，他查阅了该公司的知识数据库，找到了一个在澳大利亚与这位客户合作过的人，并给他打了电话——尽管他们完全是陌生人。这个人迅速做出了回应，他们在第二天为各自的团队安排了一次电话会议。在回顾这件事时，欧洲主管说："我希望当我需要信息时，我可以向系统和整个公司发出呼唤，并得到回复……你会从系统中得到回报。"[17]

潜在关系——比如以前的同事或同学、老师、教练和老朋友，甚至是多年未联系的脸书好友——也是一个常见的被忽视的帮助来源。由于社交媒体的存在，长期没有联系的关系也可以很容易被重新激活，这些联系像门户，让你进入全新的社会和知识网络世界。研究表明，虽然企业高管更喜欢向与他们交往活跃的人提出需求（因为这样更舒适），但潜在关系实际上是更有价值的帮助来源，因为你们如今的知识和人脉不像以前那样重叠了。[18] 同时，一定要找到你的潜在关系，而不仅仅是你现在维持的关系。

如果你已经用尽了所有联系，仍然陷在困境里，那么是时候转向二级联系了。我儿子上高中时加入了田径队，他想学习投掷铁饼和铅球，所以他让我找一名私人教练。我不认识有这些特殊技能的人，但我认识密歇根大学女子越野队的一个大五的学生，因为她选修了我的一门课程。我想她应该认识密歇根队的投掷队员，所以我发邮件问了她。在48小时内，她就帮我联系上了一位刚毕业的全美投掷运动员。一周后，这名运动员就成了我儿子的教练。

创新专家和思想领袖杰夫·德格拉夫在为Innovatrium（一

个想法实验室、创新研究所和创新者社区）寻找资源时，经常使用这种二级联系的方法。Innovatrium 的存在部分是为了让人们能够为他们的项目和任务联系到多样化、领域广泛的专家。"我们常常不知道谁是专家，"杰夫告诉我，"但我们知道去找谁来找到专家。"事实上，杰夫和他的同事们在一年内就成功地使用了 180 多次这种方法。[19]

有一次，杰夫正在帮助世界上最大的制药公司之一重新设计新药发现过程。这个过程非常复杂、高度规范化，这意味着他们"需要找到一个人，这个人不仅要了解新药发现当前的技术水平——所有的障碍和曲折——还要了解可以用来绕过障碍的新兴技术和方法"。[20] 因此，他给大学发展办公室的一位老朋友打了电话，详细地解释了自己需要什么。这位老朋友曾与药学院的教员一起工作，很快为杰夫联系上了一位年轻的智利教授，这位教授发明了一种发现新化合物的实验方法，他非常愿意来到 Innovatrium 与这家制药公司的资深科学家讨论他的研究。

直觉上，你与越多的人分享你的需求，你就越有可能知道谁可以帮助你。在《埃默里尔秀》的事情上，这一点对我来说当然是真实的。请记住，一开始我不知道该问谁。我不仅不认识能拿到门票的人，我甚至不认识认识能拿到门票的人的人！然而，不久，一个千载难逢的机会从天而降。在十周年纪念日的三个月前，我被安排为密歇根大学商学院即将开学的MBA（工商管理硕士）班主持一场关于构建社会资本的迎新讲座。该活动在密歇根大学的帕尔默运动场举行，550多名学生聚集在巨大的马戏团式帐篷中，教师的讲话通过大屏幕播放。我心想，好吧，如果有一个机会能把我的需求向一大批被"俘虏"的听众提出，那就是这个机会了！在这次活动中，我通过大屏幕发起求助，并解释了整个故事：我和妻子都是这个节目的忠实粉丝，有一天晚上一起观看某一集的时候，我问妻子想做什么来庆祝我们结婚十周年。然后，我向听众求助：希望在我们的纪念日当天观看《埃默里尔秀》的现场录制。

连我自己都不敢相信接下来发生的事。整个下午，有好几个学生向我提供了线索。其中一个学生的朋友正在和埃默里尔的女儿约会，这个学生主动提出帮我牵线搭桥（但他们不久后就分手了，所以牵线搭桥没有发生）。另一个学生和他的妻子是埃默里尔在美国广播公司《早安美国》节目监制的朋友，埃默里尔偶尔在该节目中主持一个烹饪环节。那个学生通过电子邮件把我介绍给了监制，他愉快地安排了我们与埃默里尔本人见面。

我们从底特律飞往纽约，在一家酒店住了一晚，第二天早上坐出租车去了美国广播公司的录影棚，在那里，我们见到了埃默里尔。让我们高兴的是，他很友好，很接地气（我们甚至看到了演员格伦·克洛斯，她碰巧是这个秀的嘉宾之一）。好吧，我们没有上《埃默里尔秀》，我心想，但我们已经接近我们希望达到的程度了。然后，就在我们要离开录影棚时，埃默里尔的制片人拦下了我们，她手里拿着两张当天晚些时候录制《埃默里尔秀》的贵宾票。所以，我们不仅去了录制现场，还以埃默里尔嘉宾的身份去了！

就在我觉得情况再好不过了的时候，我们得知当晚的录制会在情人节播出，所以我决定在节目中给我的妻子一个惊喜，送她一枚戒指作为礼物。结果，我们的这一刻被镜头捕捉了下来，并作为节目的一部分播出：我们这个简短的片段连续两年成为《埃默里尔情人节》节目的预告片。

这是一个再完美不过的周年纪念日，也是一个再完美不过的例子——当我们求助时，神奇的事情就会发生。

但是如果没有机会在数百名人脉广泛的 MBA 学生面前发言，我会怎么做呢？我敢打赌我仍然有现成的机会。也许我可以在定期的员工会议上发起求助，或是将求助发送到我所在的社区团体中。幸运的是，我们生活在一个拥有丰富数字技术的时代，能接触大量受众，包括一系列问答网站，例如 Quora（适用于公众，涵盖所有主题）或 Stack Exchange（适用于程序员和软件开发人员）。还有像 Nextdoor（一个基于社区的社交网络平台）这样的平台、TaskRabbit（一个为日常任务寻求帮助的在线市场）、HomeAdvisor（寻找预先筛选的家居装修和维修专业人士的数字市场）、Upwork（自由职业服务的全球市场，比如网页设计、文案和编程工作），以及许多其他专业知识和服务的门户。此外，大多数公司提供专业的消息传递平台，可以让人们轻松地立刻联系上一大群同事（尽管这些平台在集团或公司规模较小或已经拥有一种积极的文化时表现最佳，在这种文化中，求助是有心理安全感的行为）。在后文中，我将举例说明其他切实有效的协作技术平台和工具。

发起求助

你已经确定了需求，将它们转变为 SMART 请求，并确定了向谁求助。现在是时候行动了，但首先你要做出几个选择。如果你向一个特定的人求助，你会召开会议、预约还是仅仅顺道拜访？你会发短信、打电话还是发邮件？电子邮件和短信都行得通，但我们很容易高估它们的有效性。事实上，研究显示，面对面求助比电子邮件的效率高 34 倍！[21]

或许，你只是试着去遇见那个人。例如，我在西北大学获得博士学位后，在华盛顿特区的一家管理咨询公司找到了一份工作。在那里，我不可能会见高级合伙人。然而，我很快发现，如果时间安排得当，我可以在电梯上碰到某一位高级合伙人，并一起坐电梯到一楼，甚至一起走到停车场他的车旁。在这几分钟里，我得到了他的完全关注，没有人干扰，所以可以向他提出我需要的任何请求。

所以，面对面求助可以是快速的、非正式的、随意的。"嘿，我能问你一个问题吗？""我能跟你说件事吗？""你知道在哪里可以找到X（某人或某物）吗？"这种方式可以是正式的陈述，比如一家创业公司向潜在投资者推销，或者书面请求，比如一位经理提交一份正式的预算申请，或许是介于二者之间的形式。求助与其说是一门科学，不如说是一门艺术，如何提、何时提、何地提都由你来决定。以下为一些通用指导方针，你可以将这些内容用于自己求助的过程，以及你正在请求帮助的个人或集体。

地点

适应受众的传播方式和媒体偏好。这个人喜欢口头沟通还是书面沟通？如果是口头沟通，他更喜欢面对面沟通、电话沟通还是视频会议？如果是书面沟通，他更喜欢短信、电子邮件、领英平台还是纸质文件？

时间

你应该在对方能够倾听你的需求并可以深思熟虑地答复的时候求助。例如，要对对方的职位、职责和工作量情况敏感。如果他们压力很大，交付期限临近，或者在个人生活中遇到了困难，那么你就等到更好的时机再说。

方式

使用 SMART 标准。具体、有意义、行动导向、现实性、时限性。即使很简短，也一定要就每个部分进行说明。

直接而真实。不要以"很抱歉这么问，但是……"这样的道歉开头。不要低估求助所花的时间，只在需要花一点儿时间的时候才说"这不会花太多时间的"。不要使用诸如"你知道我会为你这样做，所以我知道你也会为我这样做……"的心理技巧。

优雅地接受拒绝，即使收到的是不优雅的否定答复。

带着赞赏和感激的态度接受积极的回应。

让对方知道在你接受帮助后发生了什么事情，以此来结束这个循环。结局或结果是什么呢？

把偶尔的拒绝变为（成功的）新请求

正如我们在第 1 章中所看到的，人们比你想象的更有可能对你的求助做出正向回应。但偶尔，你会被拒绝。然后呢？拒绝到底意味着什么呢？

举个例子，年轻的移民蒋甲立志成为下一个比尔·盖茨。30 岁时，他辞去了《财富》500 强公司年薪数十万元的工作，创办了一家他相信会创造下一个"杀手级应用程序"的初创公司。[22] 他动用毕生积蓄，聘请软件工程师，开始制作原型。4 个月后，他的资金已经耗尽，于是他向一位此前对他感兴趣的投资者推销。不久之后，蒋甲收到了一封电子邮件，投资者对此根本不感兴趣。他被拒绝了。

蒋甲被拒绝后深受打击，举步维艰。他知道市场上还有很多其他的投资者，但他一直被自我怀疑和不安全感困扰，无法承受再一次被拒绝。最终，他认识到，他对被拒绝的恐惧比被拒绝本身的刺痛更严重。他下定决心要打败这种恐惧，于是开启了一段被他称为"100 天拒绝"的旅程。在这 100 天里，蒋甲每天都会提出一个愚蠢、荒谬或离谱的要求，他认为这些要求会被拒绝。就像人们可能会通过跳伞或爬到帝国大厦的楼顶来战胜恐高症一样，蒋甲认为被拒绝 100 次会让他对拒绝变得麻木（你可以在他的书《没有永远的拒绝，你只是暂时不被接受》或他的博客《100天拒绝疗法》中读到发生了什么）。第一天，他向一个完全不认识的人借100美元，被拒绝了。第二天，他在Five Guys汉堡店要了免费的"汉堡续吃"，又被拒绝了。简而言之，实验成功了：正如蒋甲所预计的那样，他的100个请求中的大部分都被拒绝了。

在这个过程中，他还学到了很多东西。[23]首先，拒绝几乎总是包含着可以帮助你改进请求的内容，或是增加下一次请求的成功率。蒋甲学会了简单地问一句"为什么？"可能会把一个"不"变成一个"是"，或者至少能得到更多的信息，这也有可能导致"是"。一天，他买了一株蔷薇，来到一栋陌生的房子，敲了敲门，问应门的人是否可以让自己免费把它种在院子里。[24]对方说不可以。"没问题，"蒋甲说，"但我能问为什么吗？"事实证明，原因并不是这个人不信任蒋甲，他也不认为这个要求很奇怪。他没有在自己的院子里种花，因为他知道他的狗会把花弄坏。然后这个人建议蒋甲去问问街对面喜欢花的邻居。蒋甲就去问那个邻居，她不仅答应了，而且真心高兴自己的院子里多了这么一株意外之喜的蔷薇。

蒋甲还学习到，拒绝并不是针对个人的。它是一种观点，而不是价值观的客观事实。事实上，拒绝可能更多地反映了拒绝者的情况，而不是请求者的情况，而且你通常不知道拒绝背后的原因：也许这个人想要帮助但没有提供帮助的能力，时机不对，或者他们只是今天过得不好。此外，拒绝往往是主观判断，容易出错。比如，你知道 J. K. 罗琳"哈利·波特"系列的第一部被出版商退稿了 12 次吗？[25] 就像罗琳以及许多其他著名作家、艺术家和发明家一样，他们的作品和想法多次被拒绝——被接受之前一直被拒绝——蒋甲明白拒绝可以成为一种强大的动力来源，并决定继续请求帮助，直到获得自己需要的东西。

小结

对我们大多数人来说，求助不是一件容易的事。求助是一种必须学会的行为，它需要三个步骤：确定你的目标和需求，将需求转变为条理清晰的请求，以及找出向谁（以及如何）求助。你可以使用三种方法中的一种（或全部）来确定你的目标和需求：快速启动法、目标描述法和愿景法。一旦你确定了你的需求，可以使用 SMART（具体、有意义、行动导向、现实性和时限性）标准将这些需求转变为有效的请求。要想知道该问谁，你需要知道"谁知道什么"或"谁认识谁"。如果不知道，你可以查阅电话簿、个人资料或简历，联系久未联系的人脉，或尝试寻找二级联系。最后，你可以向集体内部发起求助，可以亲自访问，也可以使用社交媒体和社交网络工作站点。记住，拒绝只是一种观点。观点是会改变的。换句话说，你可以找到把"不"变成"是"的方法。

思考与行动

（1）哪种方法对你有效，是快速启动法、目标描述法还是愿景法？

（2）你选择了哪个目标，为什么？

（3）你发起了什么求助？是否遵循了指导方针？

（4）当你求助时，发生了什么？为什么？

（5）如果你被拒绝了，你如何把"不"变成"是"？

（6）与值得信赖的朋友、同事或顾问分享你学到的东西。

（7）如果你没有一个鼓舞人心的愿景，那就以写下一个愿景为开始。这是你过上自己想要的生活最可靠的方式之一。

（8）如果你陷入困境，不知道自己需要什么，那么随时返回并使用本章的方法。

第 5 章

团队的工具

当我从西北大学毕业时,并没有顺理成章选择成为一名商学院教授。相反,我决定积累更多的实际工作经验,在华盛顿特区的一家管理咨询公司担任高级助理。我在这家公司工作了几年,最终成了管理合伙人和副总裁。那是一个节奏快、期望高、工作时间长的地方。我们团队的座右铭似乎是"准备好,开火,再瞄准"。每当我们着手一个新项目并组建团队时,我们都会立即投入工作,就好像我们没有时间去了解我们的团队伙伴或者建立有效的规范和习惯。说得好听点儿,结果是不确定的。有时候团队成功了,但是很多时候失败了,这让团队成员感到沮丧,他们的情感受到了伤害。

那时候,我认为失败是糟糕的化学反应和错误的人员组合导致的结果。现在,我意识到,主要原因是我们开始得十分匆忙。对团队成员来说，新项目的开始是压力很大的阶段，每个人都急于解决问题、做出成绩，没有足够的准备和思考。[1]这就是做好准备十分重要的原因。[2]

做好准备包括建立关于给予和接受的明确规范。高效的团队依赖创意和知识的自由流动，协作解决问题，以及互相帮助与支持。明确的规范将授权团队成员提出自身所需：从更有经验的团队成员的创造性建议并帮助解决问题或消除障碍，到在繁重的工作中得到帮助，再到与团队外部的人和资源的联系，等等。

在本章中，我将介绍如何设定团队规范和惯例，从而允许大家求助。接下来，我将提供一些工具，以确保知识、想法和资源在大小团队的内部及团队之间无缝流动。这些工具已经在各个地方进行了压力测试，从《财富》500强公司，如谷歌、全美互惠保险公司、美国西南航空公司和DTE能源公司，到中小型公司，如艾迪欧和门罗创新，再到非营利组织，如底特律美术馆、积极组织中心和慈善组织网站DoSomething.org。这些工具的设计适用于所有行业、所有类型的公司，以及不同结构和规模的团队。

在开始下一部分的内容之前，对我们而言，重要的是要认识到，没有任何一项有效的工具是万能的。每个团队都需要调整、定制和适应这些工具，以匹配自身的业务需求、企业文化和人员。我们还要注意，这些工具并不能覆盖一个有效团队的所有需求[3]，但它们会让你有一个好的开始。

最后，你如果想要从这些工具和惯例中获得最大的好处，就需要以学习为导向。[4]我的意思是，我们要有动力去学习新的技能、想法和工具，并乐于从经验中学习。所以，学习意味着愿意尝试，知道在这个过程中会有错误或失败。这也意味着这个过程是有复原力的，能够弹回原位，不让一个错误或失败阻挠你的发展。当然，这些策略和工具本身并不能保证团队的成功，但它们确实为此做好了准备。

为团队的成功做好准备

为团队成员创造环境，让他们在这种环境下能够放心地提出问题、犯错误并展开讨论，分享好消息和坏消息，发起求助，并通过帮助其他人实现互惠。这一切都始于选择正确的人。[5]

选择合适的团队成员

当为团队挑选成员时，典型的备选清单强调人力资本，比如技能、工作经验和成就，这些信息都可以从公司人事数据库、简历或领英资料中获取。当然，这些都很重要。你选择的人需要具备与工作相关的技能、才能、优势和经验，但你也需要能够在团队中慷慨给予帮助并能自由求助的人。换句话说，寻找那些关心他人福祉、愿意帮助他人的人，而这些人也已做好准备，愿意且能够发起求助。

有一种方法可以识别出给予-求助者，那就是将我在第3章中提供的评估问题融入候选人的面试。另一种方法是采用或改编美国西南航空公司等公司的招聘做法。西南航空以其积极的工作环境而闻名，它现在是美国最大的国内航空公司。[6] 人们蜂拥而至，该公司平均每天收到960份简历，而实际招聘的职位只有该数字的2%。[7] 西南航空在考察应聘者时强调"以价值观招聘"，这包括"一颗奉献的心"，公司副总裁兼首席人力官朱莉·韦伯将其描述为"以他人为重、尊重每个人并积极为客户服务的能力"。[8] 西南航空不只是宣扬招聘看重价值观，实际上，公司会在面试过程中筛选这些价值观，面试的问题包括："描述一个你超越自我并帮助同事取得成功的例子。"[9]

对此，我建议你增加一个这样的问题："请说说你遇到问题时寻求帮助的经历。"如果对方听到这个问题，眼神是茫然的，那么你已经意识到了一些重要的东西！

一旦你为团队选择了合适的成员,下一步就是开始建立一种文化,让请求帮助和接受帮助成为常态。

构建心理安全感

如果护士和呼吸治疗师在发现可能出现用药错误或其他值得关注的原因时没有大声说出来,会发生什么呢?答案是病人死亡。这可能听起来很夸张,但医疗事故在部分医疗团队中更为常见——在这些团队中,对负责的医生表态、质疑或持不同意见是不安全的。[10]当团队中的医生有包容心、乐于接受建议和质疑,并欣赏那些发声的人时,健康护理专业人员(不是医生)更有可能发表意见。[11]

大多数情况并没有那么严重。但是,每当团队缺乏心理安全感,或缺乏"团队承担人际风险很安全的共同信念"时[12],成员们不会觉得他们有资格求助他人以帮助自己获得成功。凯尔(化名)就吃了不少苦头才明白这一点。[13]作为一名经验丰富的募资人,他受雇于一家著名的非营利组织,为一个募资团队工作,撰写提案并管理大量的捐赠款。他在这家机构有很多关于基金筹集的知识要学习,但他学得很快,只要有需要就会去请求帮助。一切似乎都进行得很顺利,所以他看到经理对他的评价时十分吃惊。经理在他第一年工作的绩效评估中写道:"如果你要在提案上求助,为什么你会按时吃午餐、按时下班?""好吧,"凯尔心想,"我再也不求助了。我凭什么要挨骂呢?"从那时起,凯尔从早上8点到下午4点半都坐在电脑前,只有去卫生间的时候才会离开办公桌。他不吃午饭,也不休息。"即使在我有四五个提案要提交的日子里,即使我看到我的同事只是在消磨时间,我也不会求助。"

凯尔很快了解到,老板的评价源于更高层面的态度——组织中普遍存在的文化。例如,在员工会议上,凯尔说,当大家提出疑问或抛出问题时,就会被打断。"通过表情、声音或文字,"他说,"我们被动地感受到我们要说的话并不重要。"员工会议变成了单向的信息转储。大家说话都没有安全感。

心理安全感对于创造一种求助、给予和接受的文化至关重要。当人们感到安全的时候,如果他们遇到困难并需要帮助,或是犯了错误,需要他人帮助解决,或是在繁重的工作中挣扎并需要帮助,他们就会求助。事实上,在谷歌进行的研究表明,心理安全感是团队效率的关键。[14]当然,其他因素也很重要,例如可靠性(按时完成工作、高标准的卓越表现),结构和清晰度(明确的角色、计划和目标),意义(对个人很重要的工作),以及影响(团队的工作很重要并能创造积极的改变)。但基于对自身团队的深入研究,谷歌的研究人员得出的结论是心理安全感无疑是团队成功最重要的因素。

团队的安全感如何？

如果你犯了错，团队会对你不利吗？你能自由求助而不害怕被批评或被嘲笑吗？

如果你想量化你的感受，可以参考本章附录中的快速评估表。这种诊断方法是由哈佛商学院教授艾米·埃德蒙森提出的，她是团队心理安全研究领域的先驱。你可以自己做评估，也可以和你信任的队友一起做。有了评估数据，再回到本章，制订行动计划来提高心理安全感。

在团队投入工作之前，花点儿时间做好准备是建立心理安全感的关键。如果团队成员是新人，那么，请给大家足够的时间来了解彼此。如果有成员远程工作，一定要使用Skype、Zoom、Google Hangouts或其他视频会议平台。仅仅是能看到彼此就会让体验变得个性化。

如果你不知道该说些什么，试着用FORD指导方针来引导对话：家人（Family）、职业（Occupation）、消遣（Recreation）、梦想（Dreams）。给每个人足够的时间谈论每个话题，并让其他人提出后续问题。这个练习应该是一段对话而非一系列陈述。

团队领导作为第一个提出问题或分享个人细节的人来为这个过程做示范通常是一个很好的实践。为了破冰，我喜欢问大家："你有什么不为人知的地方？"（加上"请保持在合法范围内"总是会引发笑声。）如果每个团队成员都以开放的心态和分享的精神来进行这次对话，你的团队将在团队凝聚力、精神和心理安全感方面收获坚实的基础。

同时，这也是团队领导强调和讨论心理安全感的重要性以及自由地求助和获取帮助的规范不错的时机。团队还可以自行决定想要使用哪些工具来达到这个目的。团队领导者不应该把选择强加给团队；相反，团队应该对每个工具展开讨论，并就哪些工具适合他们达成共识。

在谷歌，准备工作通常包括所谓的"事前验尸"，这是由加里·克莱因发明的一种管理实践。[15] 这个词的本义是"尸检"，可能看起来像一个不祥的绰号，但事实上，这是一种积极的做法，可以帮助团队实现使命。正如一位谷歌的高级员工向我解释的那样，"事前验尸"涉及的活动包括在项目开始之前将团队成员聚集在一起，用头脑风暴法找到项目可能失败的所有方式。我发现，进行"事前验尸"是一种释放，它让人们可以自由地提出问题、讨论问题，并建立预期，即在项目开展的过程中看到事情朝着错误的方向发展时不应该保持沉默。我喜欢将"事前验尸"与被我称为"出生之前"的东西结合起来,旨在帮助团队快速练习描绘成功的愿景,二者既适用于当前项目,也适用于多个团队。

世界著名的设计公司艾迪欧以其强大的"互助文化"而闻名。[16]正如艾迪欧公司学习与发展中心全球高级总监希瑟·柯里尔·亨特所观察到的,艾迪欧之所以有精准互助的文化,正是因为公司有提倡请求帮助的文化。这种文化的核心是使用一种被他们称为"飞行"的过程。无论手头的项目是短期的还是长期的,是面向客户的还是内部的,是技术层面还是艺术层面,艾迪欧的每个团队都会定期使用这三步流程来促进团队之间清晰有效的沟通和协作。

第一步,飞行前。这是一个准备阶段:讨论希望和恐惧,设定请求(和给予)帮助的规范,并建立对责任、日程安排、经验水平等的预期。一些新员工可能会说:"我不太了解这个主题,所以我会进入学习模式。我需要你对我有耐心,带我一起学习。我会问很多问题,我需要你的帮助!"另一些人可能会说:"我有小孩,我必须每天下午四点半离开,但请你相信,当我在这里工作的时候,我会全身心地投入。"希瑟说,飞行前的阶段会让他们清楚地认识到,团队和个人要想获得成功,需要做什么。

第二步，飞行中。顾名思义，"飞行中"指的是在团队前进的过程中检查确认。"这是一种强制功能，"希瑟说，"让团队关注动态。"当然，理想情况下，团队成员应该在整个飞行过程中寻求帮助，但中途检查确认的时候，成员们可以找出需要哪些补充资源或新的资源，并重申团队关于寻求和给予帮助的规范与期望。对于团队来说，这也是一个很好的反思时间，反思什么是可行的，什么是行不通的，并在必要时进行调整。

第三步，飞行后。飞行后发生在团队工作完成之后。这是一个"宣泄、庆祝和合成"的时期，希瑟说。在其他情况下，这种做法可能被称为"事后审查"，或"验尸"。不管你用什么词，这都是讨论学到什么的时候，同时提出和接受反馈，以确认哪些地方可以做得更好。

如果事情没有按计划进行，飞行后的讨论可能会让人不舒服。如果一切顺利，飞行后的工作可能会很匆忙，因为人们都渴望进入下一个项目。但重要的是，要花时间考虑和讨论团队在给予法则与接受法则下的表现如何。在飞行结束前做一个快速的、匿名的调查是很有帮助的，可以问这样一些问题：你觉得你在求助时，心理安全感如何？你觉得你在团队中付出的比得到的多吗？有人缺乏帮助或资源吗？然后，在飞行结束后，你可以回顾调查结果，并将其作为讨论的基础。需要提醒每个人，飞行后是一个学习的机会，而不是指责或责难的集中地。将讨论的重点放在对未来有帮助的经验教训上：我们应该继续做什么，我们应该做什么不同的事情，以确保团队拥有成功所需的所有资源？

团队领导的角色

当萨尔瓦多·萨洛特-庞斯博士成为底特律美术馆的董事、总裁兼首席执行官时，他以开创一种新做法来开启自己的团队领导者之旅：定期求助。尽管他的团队成员非常惊讶，但这种做法很快就流行起来，很大程度上是因为萨尔瓦多自己也在使用这种方法。"我喜欢请求帮助和建议。"他向我解释，"虽然我有策展背景和商学学位，但我对博物馆运营的一些领域只是表面上熟悉。我请来这些领域的专家，征求他们的意见。我不怕表现出我不知道什么。当你在别人面前意识到你不知道一些事情，但同时去请那些知道的人帮助你理解时，便是一个更好的开始。"[17]

萨尔瓦多的经历强调了一个关键点：团队领导者在建立心理安全感方面起着至关重要的作用。如果一个领导者的言行不能传达出寻求帮助是安全的，那么几乎没有团队成员会这样做。就像希瑟·柯里尔·亨特向我描述的，这就是为什么经常能看到艾迪欧公司的领导发出求助："救命！有人了解这件事吗？"[18]对于领导者来说，坦率地承认自己不知道的事情并提出需求是很重要的。

艾米·埃德蒙森说，作为一名领导者，你需要"了解自己的不可靠之处"，并"通过问很多问题来建立好奇心"。将错误正常化也很关键，或者如艾米所说："条条框框的作用是了解问题，而不是解决问题。"[19]这并不意味着错误应该被忽略或掩盖，相反，它们应该被视为学习过程的一部分。毕竟，如果人们害怕犯错误会遭到嘲笑和指责，那么他们就会将其隐藏起来。而你想要的，是人们公开地揭露他们做错了什么，并请求帮助以解决问题。

在初创公司的世界里，将错误正常化尤其重要，因为不断的学习和迭代是神圣的，"快速失败"是一种准则。亚历克西斯·哈塞尔伯格是一位生产力、时间管理和效率方面的专家，在创业领域拥有15年以上的运营和人力资源经验。她强调，当不可避免的错误发生时，"负责任、有能力和可传授"十分重要，而在此过程中，寻求帮助是不可分割的一部分（在本章附录中，你可以找到她开发的一套最佳实践，用以帮助初创公司和成熟公司的团队培养责任感与学习能力）。[20]

好的领导者知道自己不知道什么,他们会让专家来填补空白。正如价值数十亿美元的技术公司思爱普的首席执行官比尔·迈克德马特所言:"每个领导者都必须谦逊地认识到,他们的成功将建立在选择最优秀的人才的基础上。"[21] 当克里斯蒂娜·凯勒成为全球制造公司 Cascade Engineering 的总裁兼首席执行官时,她的第一步便是评估她的高管团队,了解自己的长处和弱点,然后雇用那些能强化她的长处和弥补她的短处的人。[22] 通过这样的方法,她建立了一个内部专家网络,可以向他们寻求帮助。

这一领悟突出了第二点:寻求帮助应该是每个人工作的一部分,从暑期实习生一直到最高领导层。我的作家代理人吉姆·莱文的经营哲学就是本书所传达的信息的一个活生生的例子,他是纽约莱文·格林伯格·罗斯坦文学经纪公司的联合创始人,他让请求帮助成为一种明确的预期。他将一些内容纳入他的经纪公司的书面指南中,比如"没有愚蠢的问题,你永远被允许提出问题"和"你会犯错,这是最好的学习方法之一",以此来帮助创造一种环境,让每个在该机构工作的人都觉得寻求帮助是安全的。(请参阅本章附录以获得完整的指南列表。)

选择合适的求助工具

现在你已经为团队的成功做好了准备,下一步就是选择工具,使寻求帮助成为团队的日常实践和规范。正如前文提到的,这些决定应该通过讨论,达成共识。

"抱团":临时会议和正式会议

当约翰·克伦德宁受聘于施乐公司,负责管理一个物流部门时,这家公司还没有以开放、合作的文化而闻名。例如,当有人因为某个问题或某个项目遇到困难或需要帮助时,最典型的官僚程序就是召开会议。然而,协调日程的挑战通常意味着这个人可能会被困数日,等待会议的召开。约翰决定改变这一切,实施了一种叫作"抱团"的做法。现在,如果一个团队成员被一个问题困住了,需要一些建议,或者想要进行头脑风暴,他/她就会快速召集可能会提供帮助的人,组成一个小组。人们的预期是,被请求帮助的其他人会立即停止他们正在做的事情,团结成一体,帮求助者解决问题。[23]

临时会议让人们可以利用收集的资源获得新的观点、想法和解决方案。当你需要快速完成某件事情时,这种方法特别有效,无论是赶在截止日期之前完成,还是突破困境,或是推动一个停滞的项目向前发展[24]，你都不需要在下周安排会议，也不需要等着别人回复邮件。你不必花时间提前想好要问谁，就可以同时与很多人分享你的请求，而不是从单独的一个人到另一个人。

在艾迪欧公司，临时会议经常伴随着头脑风暴。[25]设计师的工作是探索不熟悉的领域，并经常会步入未知的领域。陷入困境是这个过程中非常正常的一部分。所以，在艾迪欧，一旦设计师遇到问题或者不知道什么，他们就会迅速召集一群同事进行即兴的头脑风暴，帮助他们摆脱困境，获得他们需要的信息或见解，解决问题，等等。

临时会议，顾名思义，是一种非正式的会议，只在需要的时候召开。但临时会议也可以是正式的会议，即按照脚本或既定议程定期安排的会议。例如，一家大型制造公司的部门领导实施了每日领导层会议，会议内容包括安全问题、认知问题、紧急问题，以及人们提出请求和批准请求的开放圆桌会议。在津格曼商业社区，大家聚在一起是组织文化不可分割的一部分。津格曼有超过45支团队，他们定期举行会议，大多数时候是每周举行一次。一次常规的会议时间不超过一个小时，并遵循常规议程，包括快速破冰，讨论本周客户反馈（好的和坏的），对财务和运营结果进行逐条审查，解决问题和委派新任务，最后是公告和赞赏。这些都符合公司的价值观。例如，每个人都参与经营业务，活动的主持人始终是员工，而不是业务管理合伙人。这种活动为人们创造了一个心理上安全的地方来请求帮助，结果，他们提高了生产力、解决问题的能力，以及个人和组织的学习能力。

站立式会议

站立式会议在信息技术和软件开发公司中是一种广泛应用的实践，在其他许多环境中也有巨大的使用潜力。站立式会议是有规律的——通常是在每个工作日的同一时间——但比正式的会议花的时间少。

在一个典型的站立式会议中，所有人围成一圈站着，轮流简短地介绍工作进展（如果一些团队成员在不同的地方工作，他们通常会通过视频参会）。在软件公司艾特莱森，每个团队成员要回答三个问题："我昨天做了什么？我今天在做什么？是什么问题阻碍了我？"[26]门罗创新公司遵循类似的模式，但增加了一个更加有力的问题：我需要什么帮助？把这个问题作为仪式的一部分会让人们在寻求帮助时感觉更舒服，因为这让请求帮助成为一种正常的、意料之中的行为。

一次典型的站立式会议通常限制在15分钟以内，以促进有效的沟通，并确保会议不会占用太多的工作时间。当然，根据团队的需要，站立式会议的时长和频率是不同的，重要的是要有一份规律的时间表，这样，站立式会议就会成为工作日程中正常的、意料之中的一部分。

人们倾向于将站立式会议与小型且混乱的科技初创企业联系在一起，但实际上，站立式会议在信息技术和软件开发领域之外的许多其他类型的组织中都非常有用。例如，积极组织中心的工作人员每天都有一场站立式会议，总经理克里斯·怀特说，其目的是"促进信息的分享，并寻求和接受帮助。作为一个喜闻乐见的副产品，它也促进了团队成员之间的支持关系"。[27] 令人新奇的转折是，站立式会议是由最新加入团队的人促成的。正如克里斯所解释的，他们团队的价值观传递的信息是：任何人都可以领导。这是一种强调他们如何"除了给团队中更高级别的人，还寻求为员工提供便利和领导机会"的方式。

出于同样的原因，站立式会议的规模要大得多。例如，在全美互惠保险公司——一家拥有460亿美元年销售额的《财富》100强公司，软件开发和运营组的近300个团队都定期召开站立式会议。在我访问该公司位于俄亥俄州哥伦布市的总部期间，信息技术高管汤姆·佩德尔和我在各个楼层参观了会议的召开情况。每个团队都在展示团队工作流程的白板前站立着。

这种形式让每个人都能一目了然地看到大家正在做什么，需要做什么，谁在做什么，哪里需要帮助，哪里的人被困住了，等等。

全美互惠保险公司实行四级管理制度，每一级都召开站立式会议。每一级完成的任务是不同的，但目标是相同的：责任制、协作、过程改进和问题解决。[28]它的工作原理是这样的：一线员工（第一层）每天都召开站立式会议讨论工作流程、前一天的工作和当天的工作。任何无法解决的问题都将被升级到更高一层。一线经理（第二层）也有日常站立式会议，他们会审查一线员工活动的指标，并解决来自第一层的问题或需求——通常通过向一线员工提供指导和反馈来实现。同样，在这里无法解决的问题会上报给管理团队（第三层），他们向第二层提供指导和反馈。最后，第四层——最高管理层——每周开会，回顾大局战略、发展趋势和持续改进的机会，以及处理那些前三层无法解决的"疑难杂症"。换言之，这个四层系统的卓越之处在于，它是一个内置机制，低层团队可以以此向高层团队请求帮助。

互惠环

互惠环是一种引导活动，它使人们很容易利用网络的给予力量来获取他们所需的资源。我是给予与获取公司的联合创始人、董事会成员和股东，公司拥有互惠环和数字平台 Givitas。世界各地的公司和大学有超过 10 万人使用了这个工具。我个人在谷歌、消费者能源公司、通用汽车、莫顿盐业和蓝十字蓝盾医疗保险组织等地方使用过它。亚当·格兰特则在 IBM、花旗集团、雅诗兰黛、美国联合包裹运送服务公司和其他企业使用过。[29]

这项活动在 20~24 人的小组中开展，但不限制小组的数量。迄今为止最大的互惠环活动在哈佛商学院进行，他们为 900 多名工商管理硕士同时举办了 40 个互惠环活动。

只要稍加训练，任何人都可以使用互惠环。这个过程很简单，但必须按照特定的步骤来完成。一般来说，它是这样工作的：每个参与者轮流向组织提出一个请求；小组的其他成员停下来思考自己能提供什么帮助——我有这个人需要的资源吗？如果没有，我是否认识谁可能有资源，可以提供帮助？当人们知道每个人都必须求助时，他们会更容易求助。每个参与者都必须求助，求助就是参加活动的"门票"。如果时间允许，我提倡发起两轮求助：一轮个人事务求助，一轮与工作相关的求助。个人事务求助会让大家敞开心扉，分享个人生活细节会使工作场所人性化，改善团队的沟通、协作和表现。[30]在个人事务上获得帮助可以培养感激之情，建立高质量的联系，并促进未来在个人事务和工作求助两方面的合作。

有时，亚当会在沃顿商学院的课堂上开展一种非正式的互惠环，它甚至上了《早安美国》节目。[31]他把这种活动称为"五分钟帮忙"。虽然它没有互惠环工具本身那么强大，但这个活动也很有意义。以下是这种非正式互惠环的工作原理。每位参与者获得一张活动挂图纸，并在上半部分写下一个请求，让下半部分空着，然后将这张纸贴在房间的墙上。每个人都在房间里走来走去，阅读每一个请求，然后在任何他们认为可以提供帮助的那张纸的下方写下名字。亚当认领过一个学生提出的请求，他希望与著名的厨师兼餐馆老板戴维·张见面。原来这位厨师就在亚当的手机联系人列表中，他立即联系了对方。

当我使用互惠环时，我会强调求助的内容可以是任何东西，只要它们符合我在第4章中描述的SMART标准。符合标准的请求可以是一些小事，小到推荐一家餐厅，大到足以改变某人生活的事情——比如你在第1章读到的克里斯蒂娜的神奇故事。参与者在提出一个看起来不大可能实现的要求时往往会犹豫，但在开展了数百次互惠环后，我目睹了很多看似不可能但实际上完成的任务。例如，在一次互惠环中，一个参与者（我姑且叫他马克，是化名）透露，他出生后被领养，渴望知道亲生父母的姓氏。就连马克本人都清楚，机会非常渺茫，但后来团队中有人回应了他的求助。原来，回应者也是被领养的，他根据《信息自由法》向政府提出申请，再与DNA（脱氧核糖核酸）谱系结合，找到了自己亲生父母的姓氏。他很高兴与马克分享他所知道的，甚至指导他完成整个寻找过程。最后，马克得到了他想要的信息。这是一个宝贵的提醒：除非你开口问，否则你永远不知道可能实现什么。

与工作或业务相关的请求并不总是那么戏剧性，但它们往往是解决问题、获得关键资源以及改善个人和团队表现的必要因素。例如，在一个环节中，一家大型工程咨询公司的一名工程师要求给具有三维建模能力的公司提出建议，用于考查提议的多层汽车租赁设施，而另一名工程师则要求在线上获得与该公司设计和建造的大型项目相关的高质量技术培训。两人都得到了他们需要的帮助。在一家业内领先的南美汽车零部件制造公司，一位高管在互惠环上宣布，他必须向潜在的新客户做一场技术性很强的报告，希望别人为他提供类似报告的优秀案例，以便他从中学习。他立即得到了4个人的帮助。

互惠环的投资回报率令人印象深刻。当我们开展互惠环时，只有24名参与者，但仅在两个半小时内，我们就计算出活动中产生的想法、解决方案和推荐可以节省成本并产生收益，约等于15万~40万美元，同时，节省了1 600小时甚至更多的时间。在某些情况下，货币价值还要高得多。在上文提到的南美制造公司那里，互惠环产生的总价值超过1 000万美元。当大型团队使用互惠环时，收益会成倍增加。

互惠环的力量在于它能深挖出存在于每个群体的隐藏资源和网络。就像肌肉一样，互惠环使用得越多，它就变得越强大。这是因为活动在不断重复开展的过程中，人们已经学会期待积极的回应，这让他们有信心提出越来越大的请求。团队和每个成员的回报在真正的良性循环中呈指数级增长。

"三驾马车咨询法"和"聪明团队法"

在我的MBA课堂、研讨会和主题演讲中，我经常使用两种明确地关注求助和给予帮助的方法："三驾马车咨询法"和"聪明团队法"。[32] "三驾马车咨询法"是一项30分钟的创意活动，为队友或同事提供帮助和建议。团队分成三人一组（因此得名），三驾马车中的每个成员轮流扮演"客户"的角色，他们有一两分钟编写挑战或项目并寻求帮助。另外两个是"顾问"，他们有一两分钟来问明情况，然后用几分钟来提供想法、信息、推荐、建议等，就像他们在真正的咨询会议中做的那样。这个流程再重复两次，这样三驾马车的每个成员都当过客户，解决过他人的问题，或应允过请求。

"聪明团队法"的结构与"三驾马车咨询法"相同，但每个小组的规模更大（四五个人），每一步花费的时间也更多。就像任何此类练习一样，多样化的团队或团体是有帮助的，因为你可以利用各种各样的观点、经验、知识和网络。

即插即用求助惯例

"抱团"、站立式会议、互惠环、"三驾马车咨询法"和"聪明团队法"都能发挥作用，因为它们都可以让求助的过程正常化（即求助-接受循环的症结），同时也激发了我们所有人乐于助人的天性。即插即用求助惯例的独特之处在于，就像前文提到的你需要在工作日留出时间的惯例，它们可以嵌入现有的日程表、会议或事件中。

以 DoSomething.org 的即插即用求助惯例为例，这个数字平台已经动员了美国和其他 131 个国家及地区的 550 万年轻人参与线下的公益事业、社会变革倡议和公民行动。[33] 每个星期三下午 2∶30，该机构的员工都会聚集在办公室员工周例会的"坑"里。常规议程的一部分是邀请每个人庆祝过去一周的成就，描述一个即将到来的目标，或者请求得到建议或协助。[34] 其他工作人员可以当场回复，也可以在会后回复。他们确实是这样做的。

即使是一对一的会议也是即插即用的机会。当总部位于底特律的公用事业企业 DTE 能源公司发现自己在 2008 年的金融危机中举步维艰时，执行副总裁罗恩·梅与他的直接下属、董事和副总裁定期举行一对一的会议。[35] 每次 15 分钟的会议都是一场谈话，由这样的问题引导展开：你在攻克什么问题？期望的目标状态（未来状态）是什么？你前进道路上有什么障碍？

随着时间的推移，人们会有足够的心理安全感。大家不仅会透露他们的障碍是什么，而且会说他们需要什么来消除这些障碍。例如，罗恩解释道，一个从事流程变革的人可能会请求程序之外的许可；一个陷入了大项目某一领域困境的人可能会需要时间来解决一个特定问题。最终，这个方法带来了更多的改善，节省了更多成本，促成了更牢固的关系。DTE 能源公司做了许多其他的事情，以使自己渡过了金融危机，但这一原则的应用在公司的复苏过程中发挥了关键作用。

即插即用求助惯例可以嵌入不同类型的会议：员工会议、进度更新会议、绩效考核、反馈会议、规划会议、社群实践会议、员工资源小组会议、培训会议，甚至非正式的午餐会议。快看看你未来两周的日程表吧，有没有可以使用即插即用求助惯例的地方呢？

"每周一问"白板

三个臭皮匠，胜过诸葛亮，尤其是在解决复杂的工程问题时。当凯文·布卢在制药巨头辉瑞公司工作时，他和另外5名工业工程师想出了一个点子，而这个想法后来变成了一种寻求帮助的常规方式。

每个星期一，工程师都会提出一个每周员工会议中的技术问题。他们会写在部门入口处的白板上，这样团队中的每个人都可以尝试解决这个问题，但要到周五下午才允许讨论。"这样每个人有5天的时间来解决问题或寻找解决方案。"凯文解释说。这种做法在为团队最棘手的问题提供解决方案方面非常有效，很快就在辉瑞公司的所有工程专业部门中推广开来。[36]

现实中有大量的"每周一问"白板的变体。例如，在我知道的一家大公司，人们会在活动挂图纸上发布特别的请求，然后团队成员在有空的时候阅读并回应这些请求。你会尝试哪一种变体呢？

小结

高效团队让其成员有心理安全感，因为成员可以在团队里求助和给予帮助。建立一支有效的团队，首先要为成功做好准备，要为团队挑选那些属于或倾向属于给予-求助者的人，然后建立规范，培养心理安全感，支持给予-接受循环。团队领导者应该以身作则，定期寻求帮助（以及提供帮助）来加强这些规范，并将请求帮助作为每个人工作的一部分。团队可以从本章提供的工具箱中进行选择——"抱团"、正式会议、站立式会议、互惠环、"三驾马车咨询法"和"聪明团队法"、即插即用求助惯例，以及"每周一问"白板——并根据个人目标或项目的需要进行调整。

思考与行动

（1）在你的工作场所，人们在请求帮助时是否有心理安全感？为什么有或者为什么没有？（利用下面的评估来量化你的看法。）

（2）新团队是急于开始工作，还是会花时间来为成功做好准备？

（3）你是否会雇用倾向于成为给予-求助者的人？

（4）你的团队规范是否能验证、支持和促进求助的行为？

（5）你是求助这一行为的榜样吗？

（6）你已经使用了哪些团队工具？效果如何？

（7）让团队选择一个新的团队工具并至少使用30天。根据需要调整和定制，以适用于自身的情况。

（8）在日常互动和会议中寻找机会插入求助的惯例。你甚至可以在个人生活中寻找这些机会！

（9）如果你正在组建一个新团队，请按照本章中的说明来建立一个成功的团队。

应对错误的最佳实践与吉姆·莱文的辅助指导方针

亚历克西斯·哈塞尔伯格：应对错误的最佳实践

我们都会偶尔犯错。但让我们与他人区分开来的是一旦错误发生，我们如何处理。负责是工作（和生活）成功的一个核心原则，你如何应对犯错会影响别人对你个人发展的看法。

所以，下文是教你如何在犯错后，给他人留下可靠、有能力的印象。

承担责任

- 一旦你意识到自己犯了错误，就要承认错误。这很困难，会让你感觉很糟糕。但当我们犯错误时，我们应该感到难过，因为正是这种消极的感觉帮助我们在未来避免犯错。
- 你越早承认错误，问题就能越早得到解决，产生连锁负面影响的可能性也就越小。
- 避免抱怨。如果你犯了错，那你就是犯了错。当然，可能会有一些影响因素，但你只能控制自己，你要为自己犯的任何错误负责。

采取行动

- 反思：既然你已经发现了错误，那就想想为什么会犯错，看看能不能弄清楚是什么原因导致了犯错。是因为不注意造成的简单疏忽吗？你是否从其他人那里收到了错误的信息？指令是否让你困惑？

- 解决：修正错误。无论发生什么问题都需要修正，无论是客户问题，还是为了确保数据完整性等。如果你不确定如何修正错误，那就去寻求帮助。
- 前进：既然错误已经解决，是时候"验尸"了。你不想重复犯错，所以弄清楚需要采取什么步骤来确保导致它发生的条件不会再现，并且确保这个错误不会再发生。

回应 / 解决

- 在解决和回应错误时，有必须考虑的四个关键要素：发生了什么？怎么发生的？我们是如何解决的？我们应该做什么以确保它不会再次发生？
- 你要确保自己在回应那些因你的错误而受到影响的人，以及回应你的领导（如果有必要）时遵循这样的结构。

Copyright © 2018 by Alexis Haselberger

吉姆·莱文的辅助指导方针，应用于莱文·格林伯格·罗斯坦文学经纪公司

- 我们聘用你是因为你的才华和潜力，而不是因为我们希望你通晓一切。
- 没有愚蠢的问题，你永远有权提问。
- 你会犯错，这是最好的学习方法之一。

- 对任何一个开始新工作的人，经验法则就是需要6个月才能开始熟悉正在做的事情。

- 机构的声誉是我们最宝贵的资产。你是许多客户、潜在客户和出版商联系我们机构时遇到的第一个人。你应对每个人的方式都会影响我们的声誉。

- 我总是看起来很忙，这只是我的样子。不要让它阻止你和我沟通，不管我在忙什么，你都可以打断我。只需向我示意：你需要我的关注。

- 当你了解我们做事的方式时，你可能会质疑，为什么我们这样做。不要害怕问"为什么"或建议替代的做事方式。我们一直在寻找方法，以改进我们正在做的事情和做事的方式。

- 如果你觉得在工作中，事情没有按照你想要的方式进行——即使是小事——请让我知道。只要问题被提出来，我们就喜欢应对问题，并希望解决它们。最糟糕的事情就是让小问题变成了大问题。（我们也这样告诉我们的客户。）

- 我们重视主动性。提出你的意见和建议，可以提交信件、提案，任何东西都行。请提出对新项目的想法：我们应该寻找作家写相关主题或我们应该跟进哪些客户。

- 当你直接向我汇报时，你就是为全员工作，我所要求的反馈也正是团队中的每个人都会重视的反馈。

Copyright © 2019 by James Levine

表5.1 艾米·埃德蒙森团队心理安全感快速评估表

评估团队的心理安全感								
你对以下观点认可或不认可的程度如何？圈出对应的分数。	非常不同意	不同意	部分不同意	中立	部分同意	同意	非常同意
1. 如果在团队中犯错，情况将对你不利。	1	2	3	4	5	6	7
2. 团队成员能提出问题和棘手的难题。	1	2	3	4	5	6	7
3. 团队成员有时会为了区别于他人而选择拒绝提供帮助。	1	2	3	4	5	6	7
4. 在团队中尝试冒险是安全的。	1	2	3	4	5	6	7
5. 向团队成员寻求帮助是十分困难的。	1	2	3	4	5	6	7
6. 团队成员中没有人会故意做出破坏他人努力的行为。	1	2	3	4	5	6	7

（续表）

评估团队的心理安全感							
你对以下观点认可或不认可的程度如何？圈出对应的分数。	非常不同意	不同意	部分不同意	中立	部分同意	同意	非常同意
7. 和团队成员一起工作让我独特的技能被重视和发挥。	1	2	3	4	5	6	7

来源：Edmondson, A. C. "Psychological Safety and Learning Behavior in Work Teams." *Administrative Science Quarterly* 44:350–83 (1999)。

打分：问题1、3和5的措辞是否定的，因此它们必须反向打分。所以，如果你对问题1的回答为7，请将你的答案更改为1；如果你对问题1的回答为6，将其更改为2；如果你回答5，则将其更改为3；如果你回答4，请保留原样；将答案3更改为5，将答案2更改为6，将答案1更改为7。对问题3和5进行相同的反向打分。

现在，将你对7个问题的分数加起来，然后除以7，得到平均值。（如果你信任的队友也完成了测验，请计算出所有人的平均分。）平均得分为6~7表明团队心理安全感非常高，平均分为1~2表示团队心理安全感很低。

在埃德蒙森针对一家制造公司53个团队的427名员工进行的原始研究中，团队的平均得分为5.25。在她与英格丽德·内姆哈德共同开展的一项针对新生儿重症监护病房的研究中,在23个团队中工作的1 440名员工的团队平均得分为5.31。[37]

第6章

跨界求助

肯特电力公司的高管和监管部门没有听取建议。负责监督运营情况的主管们抱怨说，公司高管从来没有留意他们必须说什么，也没有与员工们沟通，让每个人都知道当下的情况。与此同时，高管们指责主管，说他们甚至懒得去看高管们发出的备忘录。

肯特电力公司的业务涵盖建设和维护输电线、变电站、蜂窝基站和电信基础设施。在这个专业化的行业中，跨层级的沟通是至关重要的，但高管和主管却听不到彼此的意见，后果则是业务受到了影响。

高管们知道自己需要帮助，于是提出了请求，请来了资深商业教练戴夫·斯科尔滕帮助他们走上正轨。[1] 戴夫建议设计一款小游戏（我将在第7章中详细介绍这个工具），以改善高管和主管之间的沟通。他们把它叫作"你现在能听我说吗？"这句话出自著名企业威瑞森的广告语。

这款小游戏运行了3个月。在第一个月，17名高管和主管会定期进行一对一的电话交谈；每通电话必须至少打10分钟，每个人必须在一个月内打16通电话——给小组里的每个人。然而，关键的规则与谈话的主题有关：他们不能谈论工作。所有其他的话题——爱好、时事、书籍和电影、足球、天气——都可以谈论，只是不能谈论工作。戴夫要求每个人在公司的共享设备上记下这次通话的内容，包括从谈话内容中至少总结两个观点。这些记录对所有人都是可见的，所以每个人都可以互相学习和了解。在第二个月，他们必须主动给每个人打两通电话。到第3个月，次数再次翻倍：给每个人打4通电话。这些数字增加得很快。总而言之，高管们和主管们总共在电话里交谈了数百个小时。这一切都发生在90天内，并且，从不谈论工作。

正如你所能想象的，"禁止谈论工作"的规定导致了很多抱怨和恐慌。如果他们不能谈论工作，那他们会谈论什么？毕竟，工作是他们唯一共同的背景环境，是他们唯一了解的彼此的共同点。这正是问题的关键。在这种默认的话题限制下，他们被迫了解彼此在办公室外的生活。一开始，询问和回答诸如"你是如何遇到你爱人的"让人感到奇怪。但随着时间的推移，聊天逐渐变得更加轻松，以至于他们与每个同事的通话都更像是一场延伸对话，充满了新的询问和深思熟虑的后续问题。他们谈论家庭、朋友、困难、成功和梦想——他们在个人层面和情感层面上建立了联系。

3个月过去了，肯特电力公司的17位领导终于能听到彼此的声音了。戴夫·斯科尔滕说："游戏的最终结果是打破隔阂，让他们相互理解。"[2] 事实上，由于"你现在能听我说吗？"非常成功，肯特电力公司决定将小游戏工具从临时的干预变为整个公司业务的常规实践。（详见第7章的小游戏指南。）

信息孤岛是大多数组织的问题。有些是以层级之间的屏障的形式出现的，比如在肯特电力公司。其他的屏障则存在于部门、业务单位、团队或物理位置之间。对于一些公司来说，信息孤岛是组织与其客户和供应商之间的屏障。跨越这些边界的询问和合作可以让个人收获可衡量的利益，如改进知识、想法、机会和其他资源的获取方式，这反过来会提高生产力和性能；对于另一些公司来说，跨越边界会带来更高的收入和利润、更多的创新、实力更强的客户和更高的客户忠诚度，甚至更强的能力来吸引和留住人才。[3]

跨界求助打开了一个资源的世界。有时候，你需要的资源就在附近，就在你的团队、部门、办公室或当地社区，你所要做的就是求助。然而，其他时候，你需要的东西就在外面，在世界的某个地方，但你不知道在哪里，你必须跨越界限去寻找它。

在个人生活中也是如此，我们常常不知不觉地建立屏障，将自己与大量的资源隔离开来。例如，我们中的许多人在"生活"和"工作"之间画了一条严格的分割线。我们认为个人请求在工作环境中是没有位置的，同样地，我们也不应该用与工作有关的请求来打扰我们的朋友和家人。但事实并非如此。

当吉姆·马洛齐接任美国保德信房地产公司首席执行官兼董事长时，公司正处于困境之中：客户不满意，人才跳槽，业务面临数百万美元的亏损。吉姆决心不惜一切代价让公司重回正轨。对他而言，只有一个问题：他的家在康涅狄格州，但他大部分时间都在保德信房地产公司在美国的主要办事处——加利福尼亚州、亚利桑那州和新泽西州。吉姆非常不喜欢长时间离开家，他想念他的家人，妻子和女儿们也想念他。更糟糕的是，高强度的工作已经开始损害他的健康：他的压力很大，因为他不是在工作就是在去工作的路上，他也没有时间锻炼，于是体重增加了。[4]

吉姆知道如果想要改变现状，他需要一些帮助。但是，他的家人离他那么远，而他也知道自己需要获得更多的日常支持。

随后，在大会上和所有的同事聚在一起时，他找到了机会。和前任首席执行官的惯例一样，他阐述了公司今年的计划和业务目标，但之后，他尝试了一些不同寻常的做法：他还宣布了他的 3 个个人目标。"和结婚 30 年的妻子维持幸福的婚姻，不要错过两个女儿的任何重要的日子或活动，减肥 20 磅[①]并吃得更健康。"然后他请每一位听众帮忙。

一位同事提出要做吉姆跑步的陪伴者，另一位则不让他在团队聚餐结束时吃甜点。吉姆说，当他在公司的餐厅吃午饭时，很多同事都会过来看看他，确保他吃的是沙拉。

吉姆是一个允许请求帮助的榜样，在某种程度上类似你在第 5 章读到的底特律美术馆总裁萨洛特-庞斯博士，只是吉姆在一个更大的舞台上这样做了：他敦促大会上的数千名同事效仿。很快，他们都分享了自己的职业目标和个人目标，并支持彼此努力实现这些目标。吉姆说："人们想要完成的事情很有趣，对彼此很有帮助，也很有启发。我认为这是打了兴奋剂的新年决心！"

吉姆将目标作为求助内容的方法开创了一种给予与接受的公司文化。不仅如此，这种方式还很像"你现在能听我说

---

① 1 磅约为 0.45 千克。——编者注

吗？"在肯特电力公司的实践，也加强了组织上下和平级部门之间的联系，从而激发了新的想法、新颖的业务战略，并促进了整个公司的沟通和资源流通。"在每个人的帮助下，我们实现了业务的好转，"吉姆总结道，"我的婚姻仍然幸福美满，我没有错过女儿们的任何重要活动，我还瘦了25磅！"

通过设定目标并公之于众，你会赋予自己额外的动力去实现它们。通过跨部门联系并寻求帮助，你将大大增加自己这样去做的机会。有时候，你最意想不到的人会成为你的支持群体，给你极大的鼓励，让你负起责任——就像你为他们做的一样。

多样性红利

想想你上次飞离机场的情形。你是否曾在登机口等待，却无法登机，仿佛等待了一个世纪？即使你看到飞机就停在外面。这种令人沮丧的延时是所谓的"终点装卸"环节，即卸机并准备再次起飞所需的时间。通常的终点装卸时间是45~60分钟，但西南航空公司想出了将其缩短到10分钟的办法。[5]

所有航空公司都有动力减少终点装卸时间，原因不仅仅是这能让乘客开心，还因为当飞机在停机坪上时，航司赚不到钱。

但是，执行该流程并不像你想象的那么简单，它包括一系列不同的任务，必须在严格的时间限制下成功完成，如旅客和行李下飞机，卸下货物和邮件，加油，清洁和重新补充所需，进行安全检查，然后新的机组人员登机，之后是乘客、行李和货物。那么，西南航空公司是如何学会用比竞争对手少得多的时间完成所有工作的呢？

解决这个问题的传统方法是聘请运营和物流专家团队，让他们解决这个问题。我们倾向于求助专家，因为他们对某一领域有深入的知识。复杂性理论家和多样性专家斯科特·佩奇认为，问题在于他们的知识深度正是在解决问题时引入无意识偏见的原因。[6]斯科特说，解决复杂的问题需要"认知多样性"——不同的思维方式、不同的视角、不同的世界观——而不是专业知识。他的研究显示，在一个复杂的问题上，正确地使用不同人员的组合，能让你得到斯科特所说的"多样性红利"——实现表现和结果的飞跃。[7]西南航空公司组建了一个多元化的团队，包括飞行员、行李搬运工、空乘人员、地勤人员、机场工作人员和管理人员来应对这个问题，这也是它能够想出实现行业内最快终点装卸的主要原因。

本部分的工具将告诉你，如何通过扩大可以利用的人员及资源范围，来实现类似的"多样性红利"。

跨界求助的机构实践

2016年，我在密歇根州安阿伯的表演艺术动力中心做了一场TEDx演讲，主题是：求助驱动给予-接受循环。我希望听众来体验请求帮助的力量，而不只是听听而已。所以，在我的正式演讲结束时，我和两个助手迅速将1 350名听众分成了小组，让他们进行快速的求助-接受循环。大约20分钟后，我们让每个得到帮助的人站起来。当人们环顾四周，看到有多少人站起来时，全场爆发了掌声。你能够感觉到房间里的能量。我们保守估计，在1 350名参与者中，70%的人获得了他们需要的东西，无论是在个人层面还是在职业层面。这个故事强调了正确地组织实践如何帮助我们最大限度地利用跨界求助带来的好处。

跨界合作工作坊

纳斯卡赛车、勒芒24小时耐力赛、高速赛车和邦纳维尔盐沼的陆地速度赛事有什么共同点呢？通用汽车公司参加了以上所有比赛。但对这家汽车制造商来说，这些活动不仅仅是娱乐和游戏。相反，它们是工程师们在艰苦的条件下试验新技术和测试工具的机会。其结果是我们的道路和高速公路上行驶的汽车更可靠、更安全。但要想把它做好，就需要工程师、技术人员、设计师和司机之间高度的协作与协调：当人们独立工作时，这几乎是不可能实现的。

作为通用汽车旗下负责两个独立部门的全球总监，普拉布乔·纳努瓦就面临着这样的情况，他领导的是高级引擎工程部门和赛车工程部门。这两个领域似乎有许多相似的功能，但它们的运营时间和日程安排如此不同，使得二者难以持续合作。高级引擎工程部门致力于创新，以提高发动机性能并降低成本。他们的工作可能在未来几年内都无法投产。而赛车工程部门则专注于对现有引擎进行小的修复，并在每周的比赛中进行改进。对他们来说，在下一场比赛之前完成工作就是一切。

当普拉布乔接手这两个项目时，高级引擎工程部门提出的一些想法已经在赛车项目中得到了应用，但他看到了更多的潜力。为了增加不同部门之间的交流，普拉布乔提出了跨界合作工作坊的想法，将两个团队的工程师聚集在一起，讨论各自面临的目标、挑战和现有的技术。[8]普拉布乔没有规定讨论的内容，相反，他让工程师们给对各种话题的感兴趣程度进行评级，并在随后的研讨会上关注得票最多的话题。

很快，每月一次的工作坊就成了工程师们求助和提出建议的宝贵机会。例如，当高级引擎工程部门为了保持项目进度而需要快速交付某些部件（尽管这种情况很少出现）时，他们可以联系赛车工程部门的某个人，询问如何"利用赛车工程部门开发的流程来快速获得部件和服务"，普拉布乔说。[9]

津格曼商业社区的新成员介绍论坛就是这样的一种仪式，它不仅跨越了组织内的界限，还延伸到了组织外部，获得了更为广泛的社群支持。只要有人被提升为管理合伙人，仪式就会开启。津格曼旗下10家半自治企业的所有管理合伙人，以及感兴趣的员工、朋友和访客（我参加了一次，那次活动有60人参加）都受邀参加。每个人——包括访客——都要宣布他们将做什么或贡献什么来帮助新伙伴成功。例如，总会计师可以保证始终及时提供准确的财务报表，并回答有关数字的咨询。最近退休的合伙人可能会自愿帮助新合伙人完成任何任务。一些精通技术的员工可能会在社交媒体上帮助宣传新业务。这些都是我亲眼所见的例子，它们突出了当跨过边界寻求帮助时，你可以获得的资源的多样性。

继续教育项目

多年来，我在许多高管教育项目中任教。我看到的一个趋势是，为企业客户设计的定制项目正在兴起。区别于任何人都可以注册的开放注册项目，定制项目只对特定公司的员工开放，并针对该公司的特定业务目标、优先级和需求进行定制。例如，通用汽车公司的许多高管都参加了与斯坦福大学合作的一个名为"变革型领导"的项目。[10] 每个小组由精心安排的来自全球的 35~40 名不同领域的高管组成。这些高管在一年的时间里参加了 5 次会议，每次都在不同的国家举办。"也许这个项目最重要的部分，是其创造的社会资本。"通用汽车前首席人才官迈克尔·阿里纳在《适应性空间》中写道。[11]

具体来说，社会资本是创造出来的，这意味着什么呢？社会资本指的是你的社会网络和它所包含的资源。在通用汽车公司的定制项目中，高管们通过与来自不同业务部门和国家的人见面、相互了解、在团队项目中一起工作和社交，建立社会资本。通过这些经历，他们建立了新的纽带，获得了新的资源，这些纽带在项目结束后仍然存在。

罗伯特就是这样，他是一家大公司的全国销售经理。罗伯特从一位愤怒的门店经理那里听说了一个问题：他在零售商店销售产品，然而总部有人给顾客发了一封信，无意中把顾客引向了错误的商店。[12] 罗伯特调查后发现，这封信是从他在高管教育项目中认识的一个人所在的部门发出的。他打电话给这个人，他们一起迅速有效地解决了问题。罗伯特告诉我，从那以后，他通过与高管教育项目不同的参与者联系，解决了其他几个问题——换句话说，他利用了他的新社会资本。

如何在高管教育项目中促进社会资本的创造呢？我们可不是纯靠运气。从第一天开始，我们就分配座位，让所有人分成6人小组，每一组的成员都来自不同的单位和国家。然后我们每天轮换座位。当我们有团队参与课堂设计项目时，我们把不同的人组在一起，然后当我们让他们走出教室去采访消费者并构思和构建原型时，我们又把这些分组打乱。我们在晚上提供教育体验课，参与者可以进行社交活动。从这个项目"毕业"时，参与者基本跨越各种社交、组织和地理界限，建立新的个人联系了。

或许，定制的高管教育项目现在还不适合你，但其他实践可以模仿它。例如，许多公司对新员工和老员工都有轮岗计划，如信息技术公司ManTech、德勤和雅培实验室等。[13]在每个项目中，员工从一个岗位轮换到另一个岗位（或从一个地点到另一个地点），花费数周、数月甚至一年或更长时间。这种轮岗对于新员工来说是最常见的，但它也可以用于老员工，作为一种丰富工作经历、促进学习、建立新的跨越孤岛的社会资本的方式，以后只要他们求助，就可以得到帮助。对于雇主来说，这也是一个强大的了解机制，因为它提供了关于人们的兴趣和技能的信息，可以帮助雇主找到最匹配岗位的人。[14]

灵活的预算

大多数经理把他们的预算控制得比树皮还紧。把一个部门的一部分预算给另一个部门或项目是不可能的，即使这个部门有盈余资金。但是，这种情形在希望实验室经常发生。希望实验室是位于加利福尼亚州圣弗朗西斯科市的一个社会创新实验室，设计技术基于科学，旨在改善少年和青年的健康与福祉。例如，有一次，一位副总裁带来了一个令人兴奋的战略沟通机会，首席运营官丹·考利认为，这个机会"可以向大量目标受众展示我们在应对儿童肥胖问题上所做的努力，并讨论我们如何将行为科学、设计和技术结合起来，开发出让孩子们保持健康的产品"。这是一个很好的机会，但有一个问题：10万美元的价格没有列入预算。作为一家非营利机构，希望实验室的预算很紧张，但即便如此，灵活的预算机制也使它轻松地筹集了资金。[15]

当然，并不是每个预算经理都能腾出资金，同时还能完成自己部门的目标。一位项目经理表示，如果他的团队缩减其中一项工作，他就可以贡献一笔5位数的巨款，这样他仍然有足够的资源维持日常工作的进行。这笔巨额资金，再加上其他几乎所有部门的小额资金，最终实现了10万美元的目标。

灵活预算的实践不仅使希望实验室能够以传统预算方法无

法适应的方式应对新出现的挑战和机遇，还建立了透明度和信任，并促进跨组织合作。丹还指出，这个过程是"不带感情色彩的"，这与人们可能认为的恰恰相反，它不会引发地盘之争或戏剧化场面。事实上，他说："人们是完全慷慨的，预算资金很容易在项目之间来回流动。"

这种慷慨的预算调整方法不仅仅适用于像希望实验室这样的非营利组织，它也曾在保德信房地产公司有所尝试，尽管名称不同：石头汤预算。这个名称来自古老的阐明共享与合作价值的民间故事。

通常情况下，公司的预算设置基于过去的预算（我们本预算年度需要的额度基于去年的支出），这常常会演变成部门领导之间争夺可自由支配资金的战争。保德信房地产公司首席执行官吉姆·马洛齐说，首席执行官经常扮演"所罗门王"的角色，"对项目的资金投入不足，以至于没有一个成功的项目，或者更糟糕的是，一个伟大的想法无法实现"。[16] 这就是为什么吉姆要尝试一种不同的方法来做年度预算。他先召集了一大批高层和中层管理人员来评估新的想法和项目，以确保它们与公司的核心理念和使命的一致性。然后，每个部门负责人或经理会努力为项目的成功做出贡献。一些人提供预算资金，另一些人提供专业知识或项目管理资源，还有一些人以公开承认和支持的方式提供帮助，这向整个组织传达了项目很重要的信息。"我知道我们成功了，"吉姆回忆道，"在非常艰难的讨论中，团队和领导愿意放弃自己的预算并派出他们最优秀的员工来应对特定的挑战。"

石头汤预算将领导者从典型的"我们 vs. 他们"的导向转变为"我们一起努力"的导向。成功完全取决于集体的胜利，而不是个人的胜利。正如吉姆所说："应用石头汤预算的原则吧——如果你想吃得好，你就必须积极贡献——让我们真正成为企业行动的受益者。"

智囊团

有时，在公司内部的不同部门之间求助是不切实际的，或者网撒得不够广。美国创新公司首席执行官里奇·斯莫林说："你如果经营一家公司，那你有很多事情是不能与配偶或员工谈论的。"该公司为管理及保护美国的石油和天然气管道基础设施提供产品与服务。[17] 在这种情况下，你需要从组织（和家庭）外部寻求专家的意见及建议。

对于这种情况，你需要的就是一个智囊团。

里奇的智囊团被称为"YPO"，其前身是"青年总裁协会"。YPO 于 1950 年在纽约市成立，如今已成为一个遍布 130 多个国家及地区、拥有超过2.7万名高管的全球网络。[18] 论坛是YPO的核心——由8~10名同级领导组成本地小组，每月会面，每次2~4个小时。里奇说："所有在论坛提出的事情都将绝对完全地保密。我们总是在论坛上寻求帮助——任何帮助。"

YPO分会是第二个层次，全球有450多个分会。分会比论坛更正式，有每月的活动、主题、演讲者等固定议程。加入分会可以让你接触更多的同行。谈话就是里奇所说的"论坛保密"级别的，意思是你的求助会得到完全的保密和信任。YPO还提供了围绕具体话题或主题组织的全球数字社区访问入口，以及一个名为"M2Mx"的私人网络站点，在那里，会员可以提交关于个人或商业问题的任何请求。

虽然YPO是一个全球性组织，但你也可以加入本地和区域的许多智囊团。例如，大芝加哥地区的突破论坛将拥有共同利益和类似规模的公司的商业领袖聚集在一起。该组织的负责人汤姆·卡普雷尔说："这些小组体现了合作的本质，在这些小组中，高管会向同事寻求帮助。成员们在一个安全、客观的环境中做出回应，用自己的经验为求助者提供参考。"[19]

对于那些不想加入现有智囊团的人来说，创建自己的智囊团并不难。身为积极组织中心的主任，我们高管驻场项目的成员成了我的非正式智囊团。这个威严的高管军团在领导企业和公民方面有几十年的经验，我可以问任何问题，因为我知道我们讨论的任何事情都将绝对保密，而且我肯定会得到极佳的帮助和建议。

利用科技的力量跨界求助

2019年1月30日，星期三，在密歇根州安阿伯市，极地涡旋打破了108年以来的当日最冷纪录。我家外面的温度是零下27摄氏度，寒风刺骨，体感还要冷得多。

那天晚上10点半左右，我和妻子收到了消费者能源公司发来的紧急短信，请我们将家里的暖气降低到约18摄氏度或更低。原来是消费者能源公司在密歇根州东南部的一个天然气压缩机站发生了设备火灾。尽管没有人受伤，但该站所有的天然气供应被切断了，波及整个地区。

我立刻调低了恒温器的温度。成千上万的密歇根人也这么做了，结果整个系统的天然气使用量下降了10%。用户自愿减少的天然气使用量让消费者能源公司在极地涡旋产生影响的寒冷日子里为家庭和企业提供了不间断的天然气供应。

这种非同寻常的集体公民行为之所以成为可能，是因为数字技术使人们可以很容易地实现一次性向大量人口发出请求。如今，你不需要像大型公司那样拥有基础设施来发送这种规模的请求。事实上，我们都可以利用技术的力量，快速轻松地接触更广泛的人群和网络。

随机的聚会

你见过赤手空拳表演舞台格斗的专家吗？我见过。我在罗斯商学院工作时，无论是在物理空间上还是在学术上，都与音乐、戏剧和舞蹈学院相隔甚远。所以，如果我没有参加一个叫作"创新酿造平台"的项目，我就不太可能遇到一个徒手舞台格斗的专家。

创新酿造平台是一个在线系统，可以随机匹配来自密歇根大学校区的教员。匹配的教师们会见面，互相介绍他们当前的研究和其他项目，并在现场或将来某个时候互赠礼物，这是这个过程中隐含的部分。例如，在一次匹配见面时，我认识了一位在大学管理委员会任职的工程师。后来，当我有关于委员会职权范围内的政策问题时，我就知道该去请教谁。创新酿造平台的创始人、罗斯商学院技术与运营教授比尔·洛夫乔伊表示："我们的想法是认识其他用完全不同的视角看待世界的人。你通常不能随意走过去和陌生人说话。"[20] 但创新酿造平台允许你开口。[21]

大型活动

吉姆·马洛齐接管保德信房地产公司后不久,该公司为其遍布全球的数千名销售专业人员举办了一系列年度销售颁奖和培训大会。

吉姆说:"我第一次演讲的主题是'改变和创新',同时挖掘'可能性的积极力量'。"在演讲过程中,吉姆要求3 000名听众拿出他们的智能手机。每个人都在抱怨,以为需要关掉自己的电子设备。然而,吉姆让他们把手机打开。然后,他提出了一个要求:"请发送短信或电子邮件,告诉收信人至少一个帮助同事获得新客户、完善一笔销售或长久留住客户的方法。"短信号码和电子邮件地址被投影在大屏幕上。吉姆的智能手机也被送到了台上,以演示他想让大家做什么。

"到会议结束时,也就是仅仅36个小时后,"吉姆说,"这个小组就产生了超过2 200个想法!"吉姆的大规模例行求助如此成功,它很快成为公司的常规做法。

你所在的组织会主办什么大型活动呢?这些都是给予和接受大范围发生的理想环境。有句老话说得好:人多力量大。任何自己管辖的地方或聚集大量不同群体的地方,都是举办大型活动的好机会，以寻求跨界帮助并给予帮助。

视频会议：始终在线或随时发起

像许多公司一样，美国运通公司正在建立数字化劳动力，员工几乎可以在任何地方工作。幸运的是，有很多技术可以帮助我们即使相隔很远也能保持联系。劳伦·阿奎斯塔在美国运通公司负责数字化转型，她在纽约办公室工作，但她的团队在纽约和加州帕洛阿尔托两地分工协作。因此，为了确保两个沿海办事处之间信息和请求的流动不会受到影响，每个办事处都安装了一块大型的始终在线的视频会议屏幕。"感觉我们就像一个团队，"劳伦回忆道，"你可以直接走到屏幕前进行对话，寻求帮助，提出问题。"[22]换句话说，每一块屏幕都像是通往另一个办公室的入口。

影响力公司是一家总部位于密苏里州哥伦比亚市的内容营销机构，其销售人员使用Zoom软件与远程客户建立信任。"当我们的团队正在和客户一起工作时，我们在讨论有意义的、复杂的话题。我们采访他们，以获取他们的个人故事，并将其转化为有效的在线内容。"负责客户体验业务的副总裁阿莉莎·帕齐乌斯说。[23]阿莉莎还使用Zoom软件与她的直接下属进行每周一对一的通话。她说，在Zoom电话中看到彼此让员工更容易提出自己的需求。

天祥集团是一家全球检验、产品测试和认证公司，其业务模式完全是分布式的，其4.3万名员工在全球各地的1 000家实验室工作。这种模式允许每个实验室在当地市场为客户提供量身定制的服务。它也为每个实验室提供了众多相互学习的机会。每个月，位于宾夕法尼亚州艾伦敦的天祥集团的总经理斯科特·汉顿都会与来自美国各地实验室的化学实验室主管和工作人员举行Skype视频会议。会议的最后一部分是专门留给"快速"会议的，在此期间，与会者可以提出问题或求助。斯科特说："人们会当场回应。"从使用某些仪器和化学品的技巧到管理继承的最佳实践，所有的信息都会互通。

斯科特观察到，快速会议关乎利用隐性知识，即那些没有被记录下来的东西，它对于人们在其他论坛上找不到答案的那些问题尤其有用。这种做法非常成功，人们请斯科特将其扩展到欧洲，然后是亚洲，然后是全球。

通信应用程序

当我准备写这一部分的时候，我给上高中的儿子发了一条关于求助的求助短信："你用照片墙、色拉布或其他应用程序向你的朋友求助吗？你能给我举个好例子吗？"

"是的，"他回短信说，"等我回家再一起探讨吧？"

后来我才知道，我儿子经常使用通信应用程序求助。有一次，他在照片墙上给朋友们发了几件他想买的衬衫的照片，让他们给这些衬衫打分。他不止一次用色拉布询问他落在学校的家庭作业的细节。他所有的朋友都这样做。

世界上最受欢迎的三款通信应用程序是WhatsApp、Facebook Messenger和微信。[24]我的一名周末MBA课程学员——她全职工作，在周末参加课程——会使用聊天软件GroupMe组织集体出游，询问关于课程或作业的问题，分享餐厅推荐，等等。

照片墙、色拉布、WhatsApp、GroupMe和类似的社交应用程序一般用于个人交流，它们不能轻松地跨越每个人工作和生活的鸿沟。因此，大多数人选择使用专门为工作场所设计的企业社交软件——Yammer、Slack、Chatter、Jabber、Microsoft Teams等。

"Slack帮助创造了一种分享的文化。"劳伦·阿奎斯塔说，她在纽约布鲁克林的数字加速器团队使用这个通信工具，通过专门针对特定团队、项目、兴趣等的频道组织实时交流。[25]这个数字加速器有个人话题（父母、电影、食物等）频道，也有与工作相关的频道。"随着技术的进步和员工的年轻化，"劳伦解释说，"个人生活和职业生活之间的界线变得模糊。"这意味着员工会毫不犹豫地使用该工具发起与工作无关的求助。

由我参与创立的给予与获取公司的员工也使用Slack，他们也有个人频道和工作频道。营销副总裁萨拉·艾伦-肖特说："它非常适合即时通信、项目更新和推送文章。"[26]员工也用它来闲聊、互送生日祝福、发送家人的照片和有趣的表情包、推荐书籍等。

有些公司不鼓励在工作场合就个人问题进行沟通。这种做法是错误的。正如我们在肯特电力公司的故事中看到的那样，了解同事们在办公室之外的爱好、兴趣和消遣可以建立信任，并加强纽带。在一项对远程团队的研究中，谷歌认识到在个人层面上互相了解对团队的成功至关重要。[27]事实上，专家们表示，对同事个人生活的好奇是"员工使用公司社交工具的一个关键动力"。[28]向一个相对陌生的人求助是很难的。了解他人的个人生活——无论是通过"你现在能听我说吗？"之类的活动，还是通过社交通信应用程序了解——让求助变得更容易了。

简单地观察人们在使用这些公共信息渠道讨论时说了什么，也是了解谁知道什么、谁认识谁的有效方法。在一家大型金融服务公司进行的一项严谨的研究发现，仅使用企业社交软件6个月，就能"让人们对谁掌握什么信息的了解提高31%，让人们对其他人的人脉的了解提高88%"。[29]这些知识可以帮助你确定哪些专家能够立即回答你的问题或回应你可能提出的请求，或者在必要时告诉你找谁引荐专家。

协作技术平台

"人们何时以及为什么要在工作中求助呢？你需要什么？为什么求助？是什么促使你发起求助？"这些是我向积极组织中心 Givitas 社区发布的第一批问题，该社区是一个连接积极组织中心的积极组织联盟中所有公司和组织的数字网络。Givitas 是我帮助设计的协作技术平台，我在本书中提到的原则和概念是平台设计的基础。它建立了一个心理安全的环境，让人们跨越不同规模的边界，发起求助、给予帮助、接受帮助。很快，我就收到了十几封详细的回信，为本书提供了新鲜案例。

在我继续研究和写作的同时，我向 Givitas 的一个人力资源社区提出了一些问题（同时也回应了其他人发起的求助），该社区包括 1 200 多名来自不同公司的人力资源专家。事实上，我在本书中提到的许多慷慨的人和我的第一次见面，都是因为他们响应了我的 Givitas 请求。图 6.1 说明了这个人力资源社区给予-接受网络在头 3 个月的运作中的力量（点表示人，线表示对求助的响应）。[30]

我也在 Givitas 的"赐予"社区发布了请求，并收到了许多回复。当然，我也会尽我所能提供帮助。

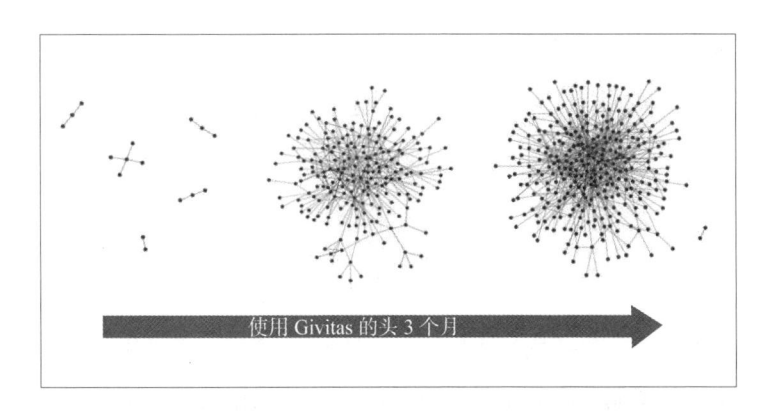

图 6.1 Givitas 人力资源社区给予–接受网络从第一个月到第三个月的变化示意

"赐予"是我们专门为亚当·格兰特颇受欢迎的时事通信《赐予》的订阅用户创建的社区,人们在这里分享关于工作和心理学的见解与想法。到目前为止,已经有超过 1 300 名用户加入,并经常使用它来寻求帮助和提供帮助。

例如,一位金融科技初创企业的创始人在网站上请求介绍志同道合的纽约人,以排遣创业之路上的孤独和被孤立之感。他提供了自己的软件和编程专业知识,以换取社区的支持和创意,并得到了 5 份邀请,包括潜在的投资家,以及希望见面喝杯咖啡的在该领域有经验的人。当我们跟进他的情况想看看结果如何时,他对自己获得的"推介改进和持续的潜在投资者关系"的估值为"如果能推动我们进行一轮融资,我们可能会获得25万美元或更多"。

在另一个案例中,一位关注健康的首席技术官正在为一家专注于纯素食者健身和力量训练的初创公司提供咨询。他请求获得建议和人脉来帮助他们宣传"1月挑战",并收到了5份回复,这些回复都是团队没有想到的点子,提出了线下联系和头脑风暴,并且其中有人与莱昂纳多·迪卡普里奥制作的素食纪录片的制片人有宝贵联系。在Givitas的帮助下,迪卡普里奥的团队通过社交媒体分享了"1月挑战",目前正在探索更深入的合作。

像Givitas这样的平台允许人们获得他们需要的东西,而不必反复求助于同一批专家,因为求助是可以通过庞大的网络分散并传播的。[31]

技术领先的团队和公司甚至可以从头开始建立自己的协作平台。例如,全球会计和咨询公司普华永道开发了Spark——一个由用户设计和控制的系统,融合了流行的社交网络功能。[32]在推出的12个月内,Spark拥有10万活跃用户,普华永道95%的员工在90天内使用了Spark。

康菲石油公司开发了另一个成功的平台,支持适应性网络、敏捷交互和协作。在撰写本章时,超过1.3万名同事属于一个或多个知识共享网络,产生了超过12.5万个点对点问题解决实例,以及数亿美元的商业价值。[33] 康菲石油公司的协作技术平台由丹·兰塔指导,他曾在该公司担任首席知识官10年。现在,他是通用电气公司的知识共享领导者,在短短24个月内,他为这家公司建立了147个活跃的商业社区,公司规模是康菲石油公司的若干倍。丹告诉我,每个项目的目标都是"在正确的时间把正确的知识带给正确的人"。[34] 信任是丹的首要顾虑。为此,他给每个社区都设置了边界,只有会员才能参与。社区治理至关重要。所有的内容由一个核心团队策划,除了监控每个平台的表现,丹还定期提供指导、分享最佳实践、进行内部基准测试和许多其他活动,以建立、支持和维持社区运转。"没有治理,就没有成功的机会。"丹说。

2007—2011年,IBM来自世界各地的超过6.5万名员工注册使用蜂巢,即该公司的全球社交网站。就像劳伦·阿奎斯塔的数字加速器一样,IBM鼓励员工使用该平台分享个人信息,发布家庭照片和有趣的事件,并在个人层面进行联系。[35] 事实上,分析蜂巢的研究人员发现,"社交层面的联系是个人满足感的来源",会增加合作的动机。[36] 蜂巢还利用游戏化元素促进创意生成、新项目和新合作、与工作相关的反馈,以及跨团队和部门的新联系。人际层面的联系是这些专业联系所依赖的基础。

后来,IBM用SocialBlue取代了蜂巢,也取消了蜂巢的游戏类功能。[37]在蜂巢中，用户通过发布列表、照片和评论获得积分。当他们积累到一定的水平时，他们就会升级，每个新级别的徽章会显示在他们的用户个人资料页面上。当游戏功能被淘汰后，用户在平台上的参与度急剧下降。[38]为什么会这样呢？因为游戏功能的移除使系统失去了个性化，参与者失去了归属感，而这种归属感对他们继续使用平台至关重要。[39]

这些例子与研究结果一致。研究表明，如果员工认为一个系统没有足够的价值，同事们都开始放弃它时，员工就会放弃这个系统。[40]协作专家海蒂·加德纳表示，"如果没有支持性的领导力、一定程度的文化变革以及与其他活动的密切配合"，协作技术平台就不会有吸引力。[41]创建一个社区需要时间、耐心、创造力、试验、试错、学习和不懈的支持，还要获得动力，并越过临界点达到自我维持的状态。通用电气公司的丹·兰塔把这个过程比作吉姆·柯林斯在《从优秀到卓越》一书中描述的"飞轮效应"：缓慢推动飞轮转动，最终必将有所突破。

小结

跨界求助会扩大给予-接受网络，这实际上为你找到需要的答案或资源提供了保证。跨越边界的组织实践包括跨部门协作研讨会、继续教育项目、灵活的预算机制和智囊团。技术通过随机聚会、大型活动、视频会议、通信应用程序和协作技术平台打开了世界。选择一项工具并开始使用吧。如果它不能立即流行起来，请记住飞轮的比喻——继续尝试。通过温和但不间断的压力，你会获得动力，并建立一种跨界求助、给予和接受的文化。

思考与行动

（1）对于你或你所在组织的成员来说，跨越内部边界或外部边界请求帮助的难易程度如何？为什么？

（2）对于你的组织而言，组织孤岛在多大程度上是个问题？

（3）唾手可得的果实在哪里？为孤岛搭桥会带来很大的好处吗？

（4）哪种组织实践最适合利用你在上一题中确定的机会？（你可以考虑使用不止一种工具。）

（5）哪种技术有助于跨界求助？

（6）开展实验！不要放弃，继续努力，坚持让飞轮转动。

第 7 章

认可与奖励

我还是初级助理教授时，一直专注于发表研究成果。偶尔，我会遇到自己不知道如何解决的统计问题，或者某一个奇怪的我不熟悉的统计程序。我知道一些统计知识，但我并不是一个世界级的统计学家。有一次，我陷入了困境，于是我决定求助一位同事。他在回答我的问题之前，翻了个白眼并评论道："我以为每个人在研究生院都学过这个。我猜你没学过。"我得到了我需要的解决方案，但他的评论让我感到沮丧，以至于我在之后的几天里都无法继续做这个项目。

第二次我在某个问题上需要帮助时，我再次向他求助。我认为他一定只是在之前的那个场合心情不好。这一次，当我问他问题时，他叹了口气说："每个人都知道统计学的'圣经'里有这个答案。"然后他从书架上拿出一部厚厚的巨著扔给我。

和以前一样,我得到了答案,我的自尊也在这个过程中受到了伤害。

再而衰,三而竭。我转而求助另一位专家。

他的反应完全不同。"这是个有趣的问题!"他说。然后他向我解释了为什么它很有趣,并和我一起寻找解决方案。这一次,我带着自己所需要的帮助和用它做一些事情的动机离开了。我之后又向他请求了几次帮助,每一次的体验都是积极的,我们的默契也得以深化。最终,我们合作了一个研究项目,并在顶级学术期刊上共同发表了一篇文章。

在我们的社会中,提供帮助的行为几乎总能得到承认和回报,无论是感激、提高地位还是其他交换的形式。但是请求帮助呢?有些人可能会说,帮助本身就是给求助的一种奖励。但正如我的故事所传达的,并非所有的帮助都是平等的。我们的请求如何被接受,我们如何被对待,以及帮助如何被给予,决定了我们是气馁还是被鼓励去进行求助这种个人实践。

这就是为什么认可、欣赏和奖励那些求助的人,与认可、欣赏和奖励回应的人同样重要。在本章中,我将描述一些加强给予-接受循环的实践,包括正式的和非正式的。我将展示团队和公司如何从给予和获取的奖励中受益,以及这些实践如何支持和强化你在前面章节中所学到的工具。

工作中认可的力量

回想一下自己因为取得重大成就而得到认可的时刻。表扬你的人可能是你的老板、教练、老师或父母。花点儿时间，闭上眼睛，重新体验一下。

你的感受如何？

我相信记忆会带来美好的感觉，因为认可是人类的基本需求。认可告诉我们，我们是有价值的，我们是有归属感的，我们是被包容、被接受、被欣赏的。我们会因认可而受到激励，因缺乏认可而失去动力。研究表明，认可会给工作带来数不尽的好处。[1] 那些感到被认可的人在工作中更投入、更有效率、满意度更高；他们会付出更多的努力；他们对变革的前景更加确信、更加兴奋；他们不太可能辞职，部分原因是他们更有可能相信他们的领导想要建立积极和人道的工作环境，员工的幸福感是最重要的。[2] 接受表扬甚至会提高大脑中的多巴胺水平，从而产生积极的情绪。

遗憾的是，根据全球职场研究所的一项调查，美国超过20%的全职员工表示，他们在工作中做出的贡献从未得到认可。[3] 另有30%的人表示，他们在过去6个月或更长的时间里没有得到认可。这意味着，创造一种员工因自己的工作而受到赏识的文化会带来诸多好处，但很多雇主放弃了这些好处。

"当人们没有得到足够的认可时，他们会问自己：'我这么做是为了什么呢？没人在乎。'"戴维·格拉齐安说，他是花岗岩建筑公司的前副总裁兼企业税务主管，该公司是一家总部位于加州的 30 亿美元的民用建筑公司，被《福布斯》评为美国 100 家最值得信赖的公司之一。[4] "人们希望被认可、被关注、被欣赏。"戴维说。[5]

人们可以在很多方面得到认可：有效地利用他们的优势和技能，取得的成绩和成就，以及他们对组织的目标、使命和愿景做出的贡献。[6] 然而，在本章中，我将特别关注对求助和给予帮助的认可。虽然你将在本章中读到的大多数行为最初都是为了感激给予，而不是求助，但它们都可以用来认可那些为自身所需发起求助的人。通常，我们所需要的只是视角的转变。

感谢求助

给予帮助和请求帮助的每一天，我们都有充足的机会去感激。最好的认可是频繁的、重复的，这就是为什么非正式的、日常的认可如此有效。戴维·格拉齐安指出："正式的表扬练习只能持续这么长时间——它们的保质期很短。在我看来，欣赏和兴趣必须在正常的互动中定期表现出来。人们需要每天都有因为他们所做的事情而被欣赏和认可的感觉。"

然而，要想有效，这种认可必须是真实的。凯文·埃姆斯是全球认可和参与服务企业 O. C. 坦纳研究所的主任，也是《欣赏：赞美他人，激发伟大》一书的合著者。他说："真正的认可会让人们有被欣赏的感觉，感受到完整，感到他们做出了贡献。"[7] 我们对不真实有敏感的触角。如果认可的程序和实践并非用于提供真实的认可，它们就会失败。

坎迪丝·比卢普斯是一名护理员，在密歇根大学医院工作了 30 多年。她在癌症中心的工作是清洁地板并打蜡，清洁卫生间，补充卫生纸、面巾纸和擦手纸，清理化学溢出物，或者在病人呕吐或失禁之后清洁。如果你问坎迪丝，她会告诉你她的工作是公关。她与病人交谈，讲笑话逗他们笑，像一个红颜知己安慰他们。"我爱我的病人，"坎迪丝说，"我爱他们每一个人。当我回家时，我感到很满足。"[8] 医院的高层领导对坎迪丝有真正的认可。例如，他们向医院的所有工作人员发送了一份关于她的详细备忘录，赞扬她的崇高奉献精神和服务。

很多公司采用正式和非正式表彰相结合的方式，辅以薪酬、津贴或其他物质奖励制度，来激励员工做正确的事情。研究动机的心理学家过去常常担心，提供认可和奖励这样的外在激励因素会削弱或"挤出"内在激励因素，比如我们从工作中获得的个人满足感。坎迪丝的情况当然不是这样。事实上，一项针对这一主题的40年科学研究的大型元分析得出结论，内在动机仍然是预测业绩的中等或最好的仪器，即使考虑金钱奖励也是如此。[9]内在激励因素和外在激励因素在每一种工作环境中都是共存的，要创造一种真正的贡献文化，最好的方法是在它们之间找到可行的平衡。

你可以在任何团队工具（参见第5章）或者任何跨界求助的组织实践或技术（参见第6章）中添加认可的过程。认可的话语可以是对整个团队的呼喊（"谢谢大家，感谢今天的求助！"）或一对一的表达（"我感谢你今天的求助。这是一个重要的问题，我们都将向你学习"）。新团队在飞行前的阶段是一个将认可——无论是求助还是给予——建立为规范的机会。（"我们知道请求帮助和给予帮助对我们的成功同样重要。我们一定要感谢那些请求帮助和给予帮助的人。"）飞行后的阶段是一个回顾和发问的机会："我们是否认可并感激那些寻求帮助和给予帮助的人？哪些是我们做得好的，哪些是我们下次可以做得更好的？"

认可他人最好的方式

德博拉是我最好的行政助理之一。当我和她交谈时,她对我全神贯注。当我要求她做某事时,她能做到百分之百可靠。我从来不用担心事情不能按时完成或是被遗漏。通常情况下,她甚至会预判我的需求,在我开口之前就回复我。她对每个人都是这样,我们也认可她的付出。我们准备了一束花和一张礼品卡,计划在办公室全体员工面前公开赠送给她。当她得知我们的计划时,她手足无措,差点儿逃离现场。就在那时,我们意识到了自己的错误:她是一个安静、害羞、内向的人,讨厌成为众人关注的焦点。公开的认可会让她感觉像惩罚而非奖励。幸运的是,我们及时想出了办法,在她的办公桌前举办了一个安静的、非正式的小聚会,把鲜花和礼品卡送给了她。

"认可他人最好的方式是什么?"这是一个巧妙的问题。没有最好的方式。人们喜欢(和不喜欢)被认可的方式是多种多样的。重要的是要把每个人当作个体来看待,并考虑到他/她的个性。这个人是想要人们对他/她公开表达感激之情,还是喜欢一对一的口头表达?他们会更喜欢便条、电话、便利贴、电子邮件或短信吗?一纸证书、一份简报、会议或活动中的一份声明会让他们感到高兴吗?为了提供有意义的认可,认可的内容也应该因人而异。[10]津格曼商业社区的联合创始人兼首席执行官阿里·温兹韦格说："我一直在学习,当表扬很具体的时候,它的意义更大。虽然一般的感谢和称赞从来没有坏处,但更有帮助的是明确我们真正看重的是什么,这样其他人就知道他们可以在未来做更多的事情,工作更高效。"[11]个性化的认可表明你关注人们看重的东西并发现了价值所在。

我的作家代理人吉姆·莱文告诉我,认可求助的人为机构带来了突破。尽管该机构的书面指导方针明确鼓励求助,但业务经理助理克里斯特拉的一份职业发展报告显示,她并没有去寻求她需要的帮助。吉姆和他的合伙人询问大家,他们是否没有表达清楚,他们希望办公室里的每个人在需要帮助时都能提出来,而克里斯特拉说:"是的,你已经说清楚了。但你知道,我很害羞。"

吉姆总是付出额外的努力通过一对一交流或在每两周一次的员工会议上表达认可。但他突然意识到,他没有认可那些求助的人,因为他假定这一点已经融入了企业文化。于是,在下一次员工会议上,他明确了要让大家大声喊出自己需要请求帮助的难题。

可以想象,不久之后,克里斯特拉找到吉姆和其他合伙人,请他们在该机构的工作中发挥"更大的作用",这是令人欣慰的。维多利亚是一名高级代理,她建议让克里斯特拉在一些编辑工作上锻炼自己,比如审查手稿。人们对克里斯特拉工作的反馈棒极了:维多利亚和吉姆高度赞扬她,他们的客户作者也盛赞她,他们正在继续扩大她在编辑审查过程中的作用。

经验教训就是,即使你认为你正在培养一种鼓励求助的企业文化,你可能也需要采取额外的步骤去对待特定的个人,同时采取额外的步骤来确保定期的沟通加强了对求助的鼓励和认可。

在站立式会议、临时会议、交叉合作研讨会或大型活动结束时大声喊出来是非正式地认可发起求助的一种简单方式。在随机聚会、通信应用程序或协作技术平台上发起的求助甚至更容易被认可或赞扬。例如,当我收到一个学生通过电子邮件发起的求助时,我通常回复:"谢谢你的提问!"在 Givitas 上,我看到了"谢谢发布!",这是许多人对人们的求助做出回应时的第一句。当然,你可以亲自表达认可,就像我遇到的第二位统计专家对我说的那样,他告诉我:"这是个有趣的问题!"这种非正式的认可提醒每个人,寻求帮助不仅是可行的,而且实际上是被鼓励的。

另一种练习是"口袋里的便士",它由职业教练玛丽安·J.泰尔开发。[12] 正如员工考核平台 Reflektive 的内容标记主管丹尼·范克豪泽在为给予与获取公司写的一篇博客中描述的那样，早上在右边的口袋里放10个便士，在白天寻找你感谢的人。[13] 每表示一次感谢，就把一便士挪到左边口袋里。目标是在你晚上回家前，把所有的硬币都装在左边的口袋里。像"口袋里的便士"这样的练习可以提高你的意识和注意力，它们提醒你，每天都有机会在你周围找到那些寻求帮助和给予帮助的人。

感恩墙

积极组织中心使用"方糖"工具来认可给予和接受帮助。"方糖"是指一套挂在走廊晾衣绳上的彩色信封，积极组织中心社区的每个成员都有一个信封。学生、职工、教师，甚至访客都会将感谢信和祝贺信放入信封，在某些情况下，他们还提供帮助。

在学年的每个周五，50名大学生与职工和学者一起召开积极组织中心研讨会。每次会议开始时，参与者在房间里四处走动，分享本周发生的好事。在一次研讨会上，一个名叫丹（化名）的学生提到"熬过了一周"。[14] 然后，他继续描述了一个星期的不尽如人意：糟糕的招聘消息、困难的团队动态，以及与长期合作伙伴的冲突。高级副主任兼教育主管贝齐·欧文认为这是在寻求帮助。贝齐告诉我："我以前从事MBA职业服务。所以，我想我可以帮助丹。"贝齐在丹的"方糖"里放了一张纸条——感谢他分享糟糕的一周的细节，如果他需要帮助，她愿意一起讨论。虽然丹一开始有点儿不愿意请求和接受帮助，但贝齐的回应给了他所需的勇气。"一周后，"贝齐说，"我们一起喝了咖啡，一起参加了就业咨询。之后也有几次这么做。"

"方糖"是积极组织中心总经理克里斯·怀特作为学生参加国际经济学商学学生联合会（AIESEC）时学到的一个工具。AIESEC是一个致力于培养青年领袖的全球平台。"方糖"最初用于表达甜蜜的情感（因此得名），通常被视为"感恩墙"的一个例子。感恩墙是一种常见的认可训练，可以采取多种形式。在希望实验室，空白的"感谢"卡片被挂在墙上；任何想要表达感激之情的员工都会选一张卡片，写一段话，然后把它交给自己想感激的人，或者把它贴回墙上。研究表明，表达感激之情对那些表达和接受感激的人都会产生积极的短期与长期影响，这种感激会促进给予-接受循环。[15]你可以用感恩墙来感谢那些帮助你的人和那些寻求帮助的人。

正式的认可项目

当涉及认可人的创造性方法时，一切皆有可能。我以前的博士生凯瑟琳·德卡斯在谷歌工作后不久，她的团队经理请成员们玩了一个下午的室内跳伞，借此表达他对团队努力工作的感谢。这是一项相当巧妙的活动，人们跳入垂直的风洞，在空气柱里"飞行"，体验跳伞的快感。凯瑟琳现在是谷歌人才创新实验室的负责人，她的跳伞经历只是谷歌认可员工的众多方式之一。

除了古怪的远足、聚会、水疗或度假旅游等，谷歌还有很多正式的认可程序和工具，通常用来认可付出，但也可以很容易地用来认可获取。[16] gThanks（"gee-thanks"）工具就是其中之一，它使员工可以轻松地相互发送感谢信。"你只需输入某人的名字，点击'荣誉'，然后输入你想说的话。"谷歌前高级副总裁拉斯洛·博克解释道。[17] 系统将自动通知收信人的经理，荣誉也会被公开，这样公司里的任何人都能看到。博克还会在办公室的"快乐墙"上张贴其他人对团队成员的表扬。[18] gThanks 中的"同事奖金"选项鼓励谷歌员工表彰那些超越职责要求去工作的同事。获表彰者将获得175美元的现金奖励。奖金接受者的经理会得到通知，但发放同事奖金不需要事先得到管理层的批准。经理们还会给对公司业务产生重大影响的员工发放即时奖金。谷歌薪酬专家玛丽·贝丝·海因说，员工贡献的影响越大，奖金就越高。[19]

像这样的实践并不是谷歌独有的。事实上，超过80%的美国机构都有员工认可项目，而且形式丰富多样。[20]例如，阿尔金蒂斯公司开发的High-5项目。阿尔金蒂斯公司是位于圣弗朗西斯科湾的一家人力资源外包公司，现在并入了HUB国际（一家保险经纪和金融服务公司）。亚历克西斯·哈塞尔伯格说，这个项目允许任何员工向其他员工赠送一张High-5（价值25美元的亚马逊礼品卡），作为"超越职责去帮助他人"的奖励。High-5不需要管理层批准，每个人每月最多可以奖励两次High-5。亚历克西斯说："High-5确实增加了团队之间的协作，并让真正帮助同事的人显现出来。"很容易看出，给那些寻求帮助的人颁发High-5，对协作和团队合作也会产生积极的影响。

波士顿一家科技初创公司有一个正式的价值观提名项目，以表彰那些帮助队友的团队成员。每周五，每个人都会收到一封寻求提名的电子邮件。任何人都可以提名任何人，首席执行官在周日给全公司发的电子邮件中包含了所有的提名。Slack的"价值观"频道也添加了提名。研究表明，与公司核心价值观挂钩的认可项目比不挂钩的认可项目更有效。[21]所以，为什么不把请求帮助作为一种核心价值，并认可这样做的人呢？

到目前为止，我提到的正式认可工具都是自己开发的，但也有很多现成的认可平台。例如，O. C. 坦纳研究所提供了一套识别和奖励工具，在全球拥有超过1 300万用户。员工奖励平台Reward Gateway、Halo Recognition、Bonusly和其他第三方平台都具有提供同事奖金、授予荣誉、庆祝等功能。位于阿拉斯加州安克雷奇的库克湾地区公司使用了KudosNow，这是一个点对点的社会认可平台，在概念上类似谷歌的gThanks。"我们尝试找到方法表彰践行我们价值观的人。"库克湾地区公司人力资源部高级经理莫莉·韦布解释说。[22]每个月，奖励和表彰委员会都会提出不同的挑战，例如"荣誉和尊重"。也许有一天，该公司会围绕"求助"创建一个每月挑战！

全球媒体公司使用的平台是You EarnedIt!（YEI）的同事奖金制度。该公司的办公室和工作区域遍布全球，他们发现很容易通过这个工具认可在其他地方工作的人。业务运营项目主管基兰·肖杜里·伦兹说："YEI非常公平，可视化程度很高。"[23]它将认可转化为积分，接受者可以兑换礼券、进行慈善捐款等。基兰说，一些员工甚至用自己的积分购买更多的积分来奖励他人。像我描述的所有工具一样，YEI 可以用来认可请求帮助和给予帮助。这样做并不意味着重新给系统编程——YEI 积分可以简单地实现奖励好问题和有益的请求。

山地人与马车队

当拉维对他的同事说"一路顺风"时，忍不住有一丝妒忌。第二天，同事就要踏上去夏威夷的免费之旅，她最近在销售排行榜上位居榜首，赢得这次旅行是她的一项福利。[24] 但拉维知道，她惊人的销售数字中，有很大一部分来自他向她分享的利润丰厚的线索。该公司鼓励销售人员共享情报、互相帮助，但还没有想出一个让大家分享奖励的方法。

拉维的故事是一个常见问题的例子，即"希望得到 B 却奖励 A 的愚蠢行为"。[25] 他的公司声称要鼓励销售人员之间的合作，但奖励的却是个人表现，实际上是在制造竞争。不幸的是，这个问题并不罕见。我的同事约翰·特罗普曼是一名薪酬专家，他将这个问题称为山地人与马车队。[26] 山地人（男人或女人）是一类粗犷的个人主义者，他们自生自灭。马车队则是由移民组成的大篷车，他们团结在一起，通过合作来增加生存的概率。

约翰解释说，许多薪酬制度是奖励山地人的，而实际上，高效的团队和公司却像马车队一样运作。

幸运的是，通过运行真正奖励你所希望的行为的系统，你可以控制这种愚蠢行为。

灵活的绩效管理

当世界上最大的专业服务公司德勤抛弃了传统的绩效管理系统时，它也抛弃了年初设定年度目标和年终评估的制度。[27]其他公司也在做同样的事情。[28]传统的绩效管理方法——一种更关注过去结果而不是未来改善表现的方法——是前后矛盾的、耗时的，与公司对灵活性的需求不一致。德勤的绩效主管埃丽卡·班克说，到年底，回顾一开始设定的目标就像"看一本旧相册"。[29]你认出了那张照片，但它已经过时了。因此，德勤开始用一种能反映实际工作节奏的系统来取代旧的系统。

德勤的工作是以项目为基础的，所以在每个项目结束时，项目经理或领导都会为每个团队成员快速记录"业绩快照"。这份快照由4个调查问题和评论组成。[30]这些内容体现了个人工作的价值，以及个人如何工作以获得成果。他们还确定了哪些人已经做好了晋升的准备，或者哪些人有低绩效的风险并将从纠正行动中受益。埃丽卡说，通常情况下，一个人一年有 7~12 份业绩快照。到目前为止，个人最高纪录是 42 张。对于非项目式的工作，一年要进行 4 次业绩快照。每次个人快照的结果不会与该员工共享，但每年至少有 1 次或多达 4 次，这个人会看到一幅散点图，显示他与其他许多人的相对位置。这些内容成了与领导交谈的基础：了解这个人做对了什么，以及他/她需要改进或改变行为的地方。例如，这个人可能需要更多地寻求帮助，而不是独自去做。

"报到"是该系统的另一个新特性。每隔一两周，一个员工就要和领导就当前及近期的工作进行简短的交谈；领导从不主动发起。埃丽卡说，这种"报到"让询问变得正常。这是一种"组织上的祝福，让你可以寻求关注、反馈或帮助"。例如，一个员工可能会通过这样的方式联系经理，发起"报到"："我马上要见一个大客户，我需要帮助。"

到年底，系统根据全年实时获取的业绩数据做出薪酬决策。这些数据包括业绩快照、利用率或销售额等指标，以及员工代表公司进行的其他活动，如组织一场研讨会或教授一门课程。埃丽卡说，这样做的结果是形成了一种更加微妙的对话，涉及团队合作的持续表现、薪酬及量化的结果。

分享奖励和利润的小游戏

"我们需要更多的客户投诉！"津格曼商业社区的首席行政官罗恩·莫勒叫道。罗恩是津格曼服务网络的负责人，为津格曼商业社区的所有业务提供共享服务——人力资源、技术、营销、财务、会计、网络等。这些企业都是津格曼服务网络的客户，而获得更多来自它们的投诉便是津格曼服务网络小游戏的目标。小游戏是一项有趣的、小规模的、短期的实践，旨在激励人们解决问题或利用机会。津格曼服务网络这款小游戏的目的并不是通过犯更多错误而引发抱怨，而是了解津格曼服务网络的哪些行为引发了抱怨，然后进行修复。

在企业中，典型的做法是等待别人的称赞和忽视抱怨。但津格曼服务网络决定使用小游戏来做出积极的回应，他们将其命名为"与绿色和红色一起快乐"，因为人们在圣诞节前后玩了10周。津格曼服务网络的"玩家"被派去参加津格曼商业社区所有业务的每周例会，还要完成任务：提出并记录赞扬（绿色代码）和抱怨（红色代码），然后采取行动应对。小游戏根据提交的绿色和红色的数量以及过程改进的次数，制定了3个等级，每个等级都有相应的奖励（游戏细节详见本书附录）。例如，在10周内达到3级，每个人可以赚150美元。这个游戏最重要的部分并不是奖励本身，而是奖励的方式：不是基于个人表现，而是基于团队取得的成果。奖金是共享的，这样每个人都能获得现金奖励，或者没有人获得。换句话说，小游戏的设计目的是鼓励玩家合作，而不是鼓励他们竞争。

阿特拉斯食品批发公司的首席执行官约翰·科尔在他的三代家族企业中采用了类似的策略。他设计的第一款小游戏搞砸了。这招本应该管用，但他的员工不支持。约翰很快就理解了问题所在：人们支持自己创造的东西。所以，从那时起，他要求员工设计自己的小游戏，由他签字同意。

这个机会激发了人们的想象力和创造力。例如，员工们设计了《猎杀本·拉登：消除错误之旅》，以减少夜班拣货出错的次数（这会导致订单运送错误）。就像"一起快乐"一样，赢的是"人人为我，我为人人"——要么所有玩家都能赢得奖品（他们可以选择一套电动工具或一只豪华工具箱），要么没有人能赢。这个小游戏在短短 4 周内就将拣货错误减少了 37%。4 周过去后，这种改善仍在持续发挥作用。

小游戏最棒的地方在于，它们可以用来激励任何东西。[31]计算机数字控制切割工具制造商 ShopBot Tools 公司设计了一款小游戏来获得更多的社交媒体关注。被命名为"#嬉皮士"的玩家发布原创内容可获得 3 个奖励标识，转发可获得 1 个。团队在 30 天内获得 100 个奖励标识，可以赢得一场派对；在

60天内获得300个奖励标识，可以获得扎染T恤衫；在90天内获得600个奖励标识，可以赢得一次滑冰派对。大多数雇员都是小时工，没有社交媒体计数，也不知道使用方法，所以很多人会问："'如何创建我的账户？我怎么使用它？我如何发布或转发？'等等。"ShopBot Tools公司的顾问安妮-克莱尔·布劳顿回忆道。为了赢得比赛，很多人求助，也有很多人得到了很多帮助。他们确实赢了，赢得了所有的奖品。

　　寻求帮助并不是ShopBot Tools公司小游戏的主要目的，但如果没有寻求帮助，玩家便不可能获胜。每个小游戏都是如此。小游戏是团队寻找问题根源或寻找利用机会的最佳方式之一。在这个过程中，玩家需要寻求许多帮助，包括来自团队成员的帮助，以及跨界的帮助，因为你需要的信息、资源或专业知识通常来自团队之外。团队成员提出问题，发起求助，并一起为小游戏构思概念，设计、参与并取胜。[32]

　　如果小游戏的设计明确地增加求助的内容，它会是什么样子呢？我们知道它将遵循所有小游戏所使用的相同的设计准则：了解并传授规则，保持分数并分享成功。（详细的小游戏设计指南详见附录。）比方说，我们的目标是激励大家为了恰当的理由筹集资金，这种事情一般都需要发起大量求助。我们可以要求团队在截止日期前筹集指定数额的资金，如果团队达到或超过其目标，奖励可以是庆祝活动、聚会等。

另一种方法是使用一个协作技术平台作为玩小游戏的载体。这些平台中的内置指标可以让人们很容易地记分。例如，Givitas 提供个人指标和团队指标，比如每个人提出了多少请求，提出了多少提议，以及团队的相关总数。假设团队正在做一个复杂的项目，需要成员相互协作，这就提供了寻求建议、想法、支持、信息或其他资源来完成目标的机会。这个小游戏可以使求助的总数成为团队的衡量标准，例如"有人知道谁有关于 X 的信息吗？""我需要快速回顾一下备忘录，有人能帮忙吗？""我需要对一个问题进行头脑风暴，谁能在 15 分钟内和我'抱团'？"奖励可以是团队庆祝活动，也可以是固定的金额。与所有小游戏一样，玩游戏的人应该是创造出游戏的人，而游戏经领导签字生效。人们会支持自己的创造，如果你给他们机会，他们就会想出真正有创意的东西。

伟大的商业游戏

20 世纪 80 年代初，斯普林菲尔德再制造公司（SRC）在破产边缘摇摇欲坠。再制造是一个复杂的协作过程，涉及产品的重建——包括农业、工业、建筑和运输市场的零部件与设备——其过程需要结合使用再生的、修复过的和新的部件。公司首席执行官杰克·斯塔克看到，公司创造利润的能力已经滞后到即将破产的程度，但他似乎不知道要如何扭转局势，直到他将商业构想为一种游戏——尽管是一种严肃的游戏——有规则、分数和共同的结果。为了赢得胜利，每个人都必须像公司的所有者一样思考和行动，理解运营如何影响财务、产生利润，要跟踪业绩，并帮助彼此最大限度地获得与所有团队成员共享的财务收益。这种方法拯救了公司，杰克和SRC把这个想法变成了一个创新实践系统，现在被称为"伟大的商业游戏"。[33]今天，该公司是SRC控股公司，是《福布斯》美国最佳小型企业25强之一，拥有多项业务，年收入6亿美元。有超过1万家公司以某种形式采用了SRC的方法论。

我访问了位于密苏里州斯普林菲尔德的SRC，目睹了该系统是如何运作的。在SRC电气部门，我看到100多名工人为了每周例会聚集在一起，每个坐在桌边的工人都拿着一本装订好的财务和运营文件，以及一个计算器。房间的墙上挂着巨大的白板，上面显示着该部门的资产负债表、损益表、收益分享等。所有数据都是上周更新的。员工们清楚地知道部门的财务状况和运营状况，也许最重要的是，他们可以跟踪部门实现共同目标的进展。该部门的经理和员工们主持会议，在评估数据时，如果数据与预期存在偏差，他们不会推卸责任，而是展开讨论，找出差距背后的原因，弄清楚发生了什么，以及如何解决这个问题。有了这些信息，他们就可以每周改进工作。当他们的目标和个人成果一致时，他们就会有很强的动机去寻求和提供帮助。

SRC将固定的报酬和薪水保持在这样的水平：人们如果工作出色，就可以确保工作的稳定性。[34]杰克说："但是，如果人们想要有更好的表现，如果他们能找到改进的方法，公司就会通过支付奖金与他们分享他们所创造的额外收入。他们创造的东西越多，奖金就越多。"[35]（关于收益分享计算如何发挥作用的更多信息，参见附录。）

收益分享计划使商业成为团队活动，鼓励合作而不是竞争，并使求助和给予帮助成为胜利的关键。杰克说："这确保了每个人都有相同的优先事项，我们都专注于相同的目标。当一个部门遇到麻烦时，另一个部门就会来增援，每个人都明白为什么要这么做。人们甚至不需要等别人来求助——他们会自发地互相帮助，有时甚至牺牲自己的便利。这是因为该计划让每个人都意识到，要想实现目标，我们需要多么依赖彼此。我们要么一起赢，要么根本赢不了。"[36]

小结

在工作中，认可和奖励是强大的动力。如果使用得当，它们可以强化我在前面章节中描述的工具，提高实践的有效性。欣赏那些按需发声的人——通过真实的、个性化的赞扬和认可——他们是求助-给予-接受循环的一个重要组成部分。大量的非正式实践和正式认可项目是可行的，可以针对特定的需求进行定制。如果设计的方式是让每个人都分享奖励，那么薪酬体系和小游戏也可以用来鼓励求助及提供帮助的行为。

思考与行动

（1）你想以怎样的方式被认可？你周围的人喜欢以怎样的方式被认可？
（2）在你工作的场所，那些寻求帮助的人是受到表扬和奖励，还是受到批评和惩罚？
（3）寻找机会感谢那些提出问题的人，以一对一的方式，在团队或小组当中，或者在使用了前面章节的工具和实践之后去实施。

（4）养成一个习惯，记录下你观察到的那些发起有效求助或慷慨给予帮助的人的细节。当你想要认可某人的请求或给予时，参考这些笔记。

（5）如果你在工作中有正式的表彰程序，利用它们来感谢那些发起求助的人和他们求助的内容。

（6）提出建议并与他人合作设计一款小游戏，以鼓励团队或组织中的合作、求助和给予帮助。

（7）作为一名经理或领导，把求助作为一种业绩能力，并奖励那些求助的人。

（8）利用收益分享计划来分享请求、给予和接受帮助的回报。

附录

津格曼服务网络小游戏

游戏名称：

"与绿色和红色一起快乐"

游戏描述：

圣诞节都是关于绿色和红色的。所以，一起专注于我们的津格曼计划目标，增加我们的红色代码和绿色代码，以帮助改善我们的业务。让我们先采取坚实的前瞻式行动。这一努力旨在帮助我们更好地参与这个过程，并对提出的问题采取行动，以便我们能为自己、部门、整个津格曼网络和津格曼服务网络的所有公司做出更好的成绩。

1级：在津格曼服务网络提交的绿色代码和红色代码的总和将是年计划（12个）的两倍。每个人负责提交至少一个绿色代码和一个红色代码，这样我们可以确保在这一年有至少24个。

2 级：根据 1 级提交的绿色代码或红色代码，实施 5 个系统的流程改进。流程的改进必须有发表价值，将有一篇报道我们结果的文章发表在 2 月版的《工作》上。

3 级：在提交的 1 级代码的基础上，实施 15 个系统的流程改进（除了 2 级的 5 个，再改进 10 个）。流程的改进必须有发表价值，参考 2 级的表述。

游戏规则：

· 比赛时间为 11 月 20 日至 1 月 31 日（约 10 周）。

· 只有与津格曼服务网络相关的绿色代码和红色代码有资格。

· 每个人都负责记录、沟通和实施。

记录分数：

我们将通过监督提交的红色/绿色代码，并审查正在采取的行动来回顾游戏的进展。

分享奖金：

人人为我，我为人人，我们要么成功，要么失败！

奖金：

1 级：20 美元的津格曼礼品卡。

2 级：75 美元，每个人可以选择一张津格曼礼品卡、津格曼券或薪水。

3级：150美元，每个人可以选择津格曼礼品卡、津格曼券或薪水。

最高奖励总额为150美元。

如果达到2级，我们将超越20美元，获得75美元。

如果达到3级，我们将超越20美元和75美元，获得150美元。

阿特拉斯食品批发公司小游戏

游戏名称：

"猎杀本·拉登"：消除错误之旅

目标：

在90天内少于30个拣货错误，或者连续3段"5天工作零错误"。

业务目标：

通过为我们的司机挑选准确的订单来提升我们客户的整体满意度。

时间范围：

90天。

规则：

每一份订单都被挑选出来并贴上标签，准确率为100%。每天没有贴错标签的产品或卡车装载的产品没有短缺将被视为"无错误"。所有的错误都会提交给管理层判断。每一次拣货错误都会使图表减少一个错误。截至6月28日，图表上必须至少有一个错误，或者连续3段"5天工作零错误"，两种情形都是合格的。

玩家：

所有拣货员和仓库员工。

记分牌：

连续没有拣货/仓库错误的每一天都将被记录在前台的白板上。另一块白板上面贴了30个错误。每出一次错，我们就会撕下一页。

会议：

员工每天都会分享结果、流程改进措施和想法。任何错误都将张贴在前台接受审查。

奖励：

可以选择一套很棒的电动工具或一只带扣的豪华工具箱。

小游戏设计指南

定义

小游戏是一种旨在解决问题或利用机会的小规模激励计划。这是一种简短的、鼓舞人心的、有趣的改进方法。

设计小游戏的 3 条规则

（1）了解并传达规则。

（2）在一块有趣的记分牌上记分。

（3）分享成功。

第一步：在你的组织中，你想解决的关键问题是什么？

· 选择你的关注重点

· 哪些重要结果存在争议？

· 你的目标数字是什么？

· 聚焦思路，不要泛泛而谈

· 选择只有少数驱动因素的指标

· 谁在玩游戏？

· 游戏将进行多长时间？

· 你将如何检查游戏的可行性？

· 数学检查和签核

- 有什么消极因素吗？
- 任何意想不到的后果？

第二步：我们将如何记分？

- 得分是多少？
- 谁来记分？
- 什么是有趣的记分牌？

第三步：我们如何衡量成功？

- 对组织有什么好处？
- 你将如何计算谁得到了什么？
- 现金奖励？
- 象征性的奖励、庆祝活动？
- 奖品？（应该有激励作用且令人难忘）

来源：Greatgame.com & ZingTrain.com

阿特拉斯食品批发公司收益分享计算

首席执行官约翰·科尔实施了由伟大的商业游戏开发的收益分享模式。奖金不是年度奖金，而是每季度计算一次，只要赢了奖金就发放。这让员工有机会尽早赢得胜利，并保持胜利。

这个模式将员工的工作与他们的收入更紧密地联系在一起。

如果员工在一个季度内没有赚到奖金，这些没发出去的奖金都会延续到下一个季度，所以他们仍然有机会赚到全部奖金。即使他们未能在前三个季度实现奖金目标，他们仍有可能在年底前全部补足。这种安排使人们一整年都保持积极性和参与性。欲知更多细节，可参阅杰克·斯塔克与鲍·伯林厄姆合著的《伟大的商业游戏》。

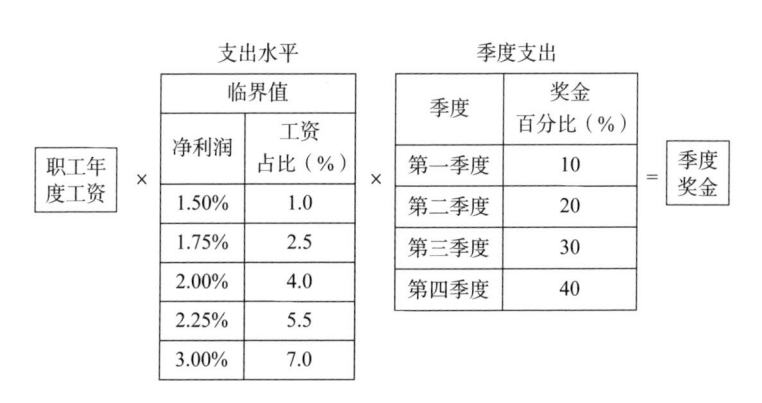

职工年度工资	×	支出水平		×	季度支出		=	季度奖金
		临界值			季度	奖金百分比（%）		
		净利润	工资占比（%）		第一季度	10		
		1.50%	1.0		第二季度	20		
		1.75%	2.5		第三季度	30		
		2.00%	4.0		第四季度	40		
		2.25%	5.5					
		3.00%	7.0					

附图 1　阿特拉斯食品批发公司收益分享计算公式

致　谢

为了写这本书,我向很多人寻求了帮助。

这个项目始于一份只有初步想法和案例的简短初稿,我请迈克尔·阿里纳、谢里尔·贝克、拉里·弗里德、库尔特·里格和克里斯·怀特看了一遍。非常感谢他们对早期版本提供的有用的评论和建议,这一切鼓励我着手写这本书。

当我需要找一个作家代理人的时候,我向我的同事兼商业伙伴亚当·格兰特寻求推荐。他帮我联系上了莱文·格林伯格·罗斯坦文学经纪公司的吉姆·莱文。这是一次完美的合作,我很感激亚当促成了这一切。吉姆和我一见如故。吉姆的领导哲学与这本书所传达的信息产生了共鸣(你已在书中看到了他的一些智慧)。我感谢吉姆对这本书的忠实支持,以及他在整个出版过程中和出版之后的指导。

理想的代理会找到理想的发行商——吉姆帮我联系到了

Currency出版社和企鹅兰登书屋。我很感激Currency出版社对我和这本书的大力支持。我特别感谢杰出的编辑塔利亚·克罗恩，她从始至终都与我配合，使这本书达到了我一个人无法达到的水平。我感谢帕姆·范斯坦熟练的编辑技巧，感谢Currency出版社团队的专业知识和奉献，感谢蒂娜·康斯特布尔、坎贝尔·沃顿、安德里亚·德沃德、史蒂文·博里亚克、妮科尔·麦卡德尔、尼克·斯图尔特和埃琳·利特尔。

虽然可能看起来很奇怪，但我仍要感激我们在给予与获取公司创建的Givitas协作技术平台。我向不同的Givitas社区发起了许多求助，请人们提供一些例子和最佳实践来阐释本书的主题。你读到的许多内容来自我以前不认识的人们，他们慷慨地回应了我的求助。对于开发Givitas和建立业务，我要感谢给予与获取公司的整个团队：萨拉·艾伦-肖特、谢里尔·贝克、凯蒂·贝内特、拉里·弗里德、戴夫、詹森、盖尔·卡茨、克里斯蒂·李、尼基·马顿、安布尔·瓦拉卡利和马特·温纳。

我非常感谢积极组织中心的学生和教职员工。我们的员工每天都按照我们教授的原则生活，他们是：安吉·西利、贝齐·欧文、雅各布·范伯格、埃丝特、凯特、埃米莉、佩尼克斯、斯泰西·西梅卡和凯蒂·特雷瓦坦。多年来，我持续不断地向积极组织中心骨干教师同事学习，为此，我深表感谢：金·卡梅伦、简·达顿、马里·基拉、雪莉·科佩尔曼、朱莉娅·李、戴夫·迈耶、鲍勃·奎因、格雷琴·施普赖策和埃米·扬。我们的学生太多，无法一一列举，但我感谢他们作为积极领导者的人生旅程。

感谢专家的研究协助和图书馆的支持。感谢我们项目的博士研究生莎拉·戈登，她利用网络和个人的社交关系，为我找到了新的案例；感谢博士研究生希拉里·亨德里克斯，她帮助我开发了求助-给予评估方法，你可以在第3章找到这些内容；罗斯商学院的高级研究顾问和调研经理莉莲·陈为本书提供了技术专长；克雷斯吉图书馆主任科里·西曼帮助我获得复制材料的权限。我还要感谢教师协调员卡伦·菲尔普斯和贾宁·阿马迪，以及信息助理肖冯·皮尔森，他们迅速而愉快地回应我源源不断的紧急请求。

感谢罗斯商学院和密歇根大学在机构支持和经费资助方面一如既往的帮助。

写这本书的乐趣之一是它给了我很多机会与以前和现在的学生及同事联系并向他们学习，我还在研究和写作的过程中新认识了许多人。对于他们贡献的想法、见解、例子和其他材料，我想要表达感谢：劳伦·阿奎斯塔、阿赫·阿德瓦留、谢里·亚历山大、萨拉·艾伦-肖特、贾宁·阿马迪、兰迪·阿尔珀特、凯文·埃梅斯、拉夫·阿南丹、苏珊·阿什福德、哈里森·贝克、埃丽卡·班克、林恩·巴特利特、玛吉·贝尔斯、吉姆·贝斯特、凯文·布卢、安妮-克莱尔·布劳顿、林赛·卡梅伦、汤姆·卡普雷尔、葆拉·卡普罗尼、丹·考利、罗布·克罗斯、杰里·戴维斯、凯瑟琳·德卡斯、杰夫·德格拉夫、简·达顿、艾米·埃德蒙森、丹尼尔·艾森伯格、贝齐·欧文、乔·费斯特、梅根·芬利、丹尼·范克豪泽、戴夫·格拉齐安、莱斯利·格雷、费尔南达·格雷戈里奥、泰德·霍尔、斯科特·汉顿、亚历克西斯·哈塞尔伯格、玛丽·贝丝·海因、沃利·霍普、希瑟·柯里尔·亨特、克里斯蒂娜·凯勒、弗雷德·凯勒、梅根·基塞尔、金智惠、约翰·科尔、雪莉·科佩尔曼、权美贞、朱莉娅·李、希恩·莱文、基兰·肖杜里、伦兹、吉姆·马洛齐、罗恩·梅、戴夫·迈耶、罗恩·莫勒、库苏马·莫普利、阿比·默里、莫瓦·穆斯塔法、普拉布乔·纳努瓦、汤姆·佩德尔、阿莉莎·帕齐乌斯、丹·兰塔、安德鲁·拉德万斯基、布赖恩·罗德里克斯、戴夫·斯科尔滕、唐·塞克斯顿、理查德·谢里登、戴维·谢尔曼、里奇·斯莫林、萨尔瓦多·萨洛特-庞斯、费利西娅·所罗门、格雷琴·施普赖策、劳拉·桑迪、安德鲁·斯托金、诺埃尔·蒂奇、约翰·特罗普曼、瑞安·奎因、肖恩·奎因、何塞·乌里韦、马特·范·诺特威克、莫莉·韦布、阿里·温兹韦格、查德·韦尔迪、克里斯·怀特和托尼·怀德拉。

  我总是把最重要的致谢放在最后。感谢我的妻子谢里尔，感谢她对这个项目的坚定支持和她在这个话题上的智慧。这本书的出版恰逢我们结婚30周年纪念日。几十年很快就过去了，因为这些时光一直都很快乐。我再也找不到比她更好的人生伴侣了。大约20年前，我们的祈祷得到了回应：儿子哈里森诞生了。他是我的心肝宝贝，我为他感到无比骄傲。他有着善良和慷慨的灵魂，每天给我们的生活带来快乐。谢里尔和哈里森一起让这一切都变得更有价值。

注 释

第 1 章　求助让奇迹发生

1. 杰茜卡和她的故事是真实的,但她要求不要使用真名。
2. 类似地,焦虑促使人们寻求和采纳建议,参见 Francesca Gino, Alison Wood Brooks, and Maurice E. Schweitzer, "Anxiety, Advice, and the Ability to Discern: Feeling Anxious Motivates Individuals to Seek and Use Advice," *Journal of Personality and Social Psychology* 102, no. 3 (2012): 497–512。研究者们还发现,焦虑的人无法区分好的建议和不好的建议,也无法区分提出建议的人是否存在利益冲突。
3. 相关研究结论,参考 Adam Grant, "Givers Take All: The Hidden Dimension of Corporate Culture," *McKinsey Quarterly* (April 2013), accessed on May 22, 2018, at https://www.mckinsey.com/business-functions/organization/our-insights/givers-take-all-the-hidden-dimension-of-corporate-culture。参阅 Adam Grant, *Give and Take: Why Helping Others Drives Our Success* (NY: Viking, 2013), 243。
4. Christopher G. Myers, "Is Your Company Encouraging Employees to Share What They Know?," *Harvard Business Review* (website) (November 6, 2015). 我认为,该文引用的数字是对不去寻求知识或其他资源所造成的成本的严重低估。

5. 感谢克里斯蒂娜的家人慷慨地允许我分享这个故事。
6. Francis J. Flynn, "How Much Should I Give and How Often? The Effects of Generosity and Frequency of Favor Exchange on Social Status and Productivity," *The Academy of Management Journal* 46, no. 5 (2003): 539–53. 盖勒和班伯格发现，如果请求帮助的人遵循一种"自主逻辑"（求助会变得有竞争力和独立）或不太遵循"依赖逻辑"（求助只是为了立刻解决问题），那么求助有助于改善其个人表现。Dvora Geller and Peter A. Bamberger, "The Impact of Help Seeking on Individual Task Performance: The Moderating Effect of Help Seekers' Logics of Action," *Journal of Applied Psychology* 97, no. 2 (2012): 487–97.
7. E. W. Morrison, "Newcomer Information Seeking: Exploring Types, Modes, Sources, and Outcomes," *Academy of Management Journal,* 36, no. 3 (1993): 557–89; Tayla N. Bauer, *Onboarding New Employees: Maximizing Success* (Alexandria, VA: SHRM Foundation, 2010).
8. William P. Bridges and Wayne J. Villemez, "Informal Hiring and Income in the Labor Market," *American Sociological Review* 51 (1986): 574–82; Roberto M. Fernandez and Nancy Weinberg, "Sifting and Sorting: Personal Contacts and Hiring in a Retail Bank," *American Sociological Review* 62 (1997): 883–902; Ted Moux, "Social Capital and Finding a Job: Do Contacts Matter?," *American Sociological Review* 68 (2003): 868–98; Mark S. Granovetter, *Getting a Job,* revised edition (Chicago: Universityof Chicago Press, 1995); Laura K. Gee, Jason Jones, and Moira Burke, "Social Networks and Labor Markets: How Strong Ties Relate to Job Finding on Facebook's Social Network," *Journal of Labor Economics* 35, no. 2 (April 2017): 485–518.
9. 关于引荐和工作搜索引擎的对比，参考 "Sources of Hire 2017" by SilkRoad, accessed on April 15, 2019, at https://www.silkroad.com/。
10. S. P. Borgatti and R. Cross, "A Relational View of Information Seeking and Learning in Social Networks," *Management Science* 49, no. 4 (2003): 432–45; Susan J. Ashford, Ruth Blatt, and Don Vande Walle,

"Reflections on the Looking Glass: A Review of Research on Feedback-Seeking Behavior in Organizations," *Journal of Management* 29, no. 6 (2003): 773–99. 当然，求助对学生而言至关重要。参见 A. Ryan and P. R. Pintrich, "Achievement and Social Motivation Influences on Help Seeking in the Classroom" in S. A. Karabenick (ed.), *Strategic Help Seeking: Implications for Learning and Teaching* (Mahwah, NJ: Lawrence Erlbaum Associates, 1998), 117–39。

11. Susan J. Ashford and D. Scott DeRue, "Developing as a Leader: The Power of Mindful Engagement," *Organizational Dynamics* 41 (2012):145–54.

12. 参见举例：Wayne Baker, *Networking Smart* (NY: McGraw-Hill, 1994), 130–31。

13. Michael J. Arena, *Adaptive Space: How GM and Other Companies Are Positively Disrupting Themselves and Transforming into Agile Organizations* (NY: McGraw-Hill, 2018). See also, David Obstfeld, *Getting New Things Done; Networks, Brokerage, and the Assembly of Innovative Action* (Stanford, CA: Stanford University Press, 2017).

14. Jill E. Perry-Smith and Pier Vittorio Mannucci, "From Creativity to Innovation: The Social Network Drivers of the Four Phases of the Idea Journey," *Academy of Management Review* 42, no. 1 (2017): 53–79; Teresa Amabile, Colin M. Fisher, and Julianna Pillemer, "IDEO's Culture of Helping," *Harvard Business Review* (January–February 2014), accessed on January 9, 2017 at https://hbr.org/2014/01/ideos-culture-of-helping; R. S. Burt, "Structural Holes and Good Ideas," *American Journal of Sociology*, 110 (2004): 349-99; D. Obstfeld, "Social Networks, the Tertius Iungens Orientation, and Involvement in Innovation," *Administrative Science Quarterly* 50, no. 1 (2005):100–30.

15. "Eight of Ten Americans Afflicted by Stress," *Gallup Well-Being*, December 20, 2017, accessed on April 5, 2018 at http://news.gallup.com/poll/224336/eight-americans-afflicted-stress.aspx. "U.S. Workers Least Happy with Their Work Stress and Pay," *Gallup Economy*,

November 12, 2012, accessed on April 5, 2018 at http://news.gallup.com/poll/158723/workers-least-happy-work-stress-pay.aspx.

16. B. Owens, W. E. Baker, D. Sumpter, and K. Cameron, "Relational Energy at Work: Implications for Job Engagement and Job Performance," *Journal of Applied Psychology* 101, no. 1 (2016): 35–49; J. Schauebroeck and L. Fink, "Facilitating and Inhibiting Effects of Job Control and Social Support on Stress Outcomes and Role Behavior: A Contingency Model," *Journal of Organizational Behavior* 19 (1998), 167–95; Ashley V. Whillans, Elizabeth W. Dunn, Paul Smeets, Rene Bekkers, and Michael I. Norton, "Buying Time Promotes Happiness," *Proceedings of the National Academy of Sciences* (July 2017), accessed online on April 11, 2018, at http://www.pnas.org/content/early/2017/07/18/1706541114.full.

17. Peter A. Bamberger, "Employee Help-Seeking," *Research in Personnel and Human Resources Management* 28 (2009), 80; T. Amabile, C. Fisher, and J. Pillemer, "IDEO's Culture of Helping," *Harvard Business Review* 92, nos. 1 and 2 (January–February 2014), 54–61. 通过网络获得资源的好处在关于社会资本的大量文献中有完整的记录。参见 P. S. Adler and S. Kwon, "Social Capital: Prospects for a New Concept," *Academy of Management Review* 27:17–4 (2002); Wayne Baker, *Achieving Success Through Social Capital* (San Francisco, CA: Jossey-Bass, 2000); R. Burt and D. Ronchi, "Teaching Executives to See Social Capital: Results from a Field Experiment," *Social Science Research* 36, no. 3 (2007): 1156–83; R. Cross and A. Parker, *The Hidden Power of Social Networks: Understanding How Work Really Gets Done in Organizations* (Boston, MA: Harvard Business School Press, 2004); M. Kilduff and W. Tsai, *Networks and Organizations* (London: Sage Publications, 2003); R. D. Putnam, *Bowling Alone: The Collapse and Revival of American Community* (NY: Simon & Schuster, 2000); Mark C. Bolino, William H. Turnley, and James M. Bloodgood, "Citizenship Behavior and the Creation of Social Capital in Organizations," *The Academy of Management Review* 27, no. 4

(2002): 505–22.
18. Deborah Ancona and Henrik Bresman, *X-Teams* (Boston, MA: Harvard Business School Press, 2007).
19. Mark Attridge, *The Value of Employee Assistance Programs* (Norfolk, VA: EASNA, 2015), accessed on June 7, 2017 at http://www.easna.org. 这些项目 80% 的用户都是自荐的，也就是自愿求助。
20. Li-Yun Sun, Samuel Aryee, and Kenneth S. Law, "High-Performance Human Resource Practices, Citizenship Behavior, and Organizational Performance: A Relational Perspective Source," *The Academy of Management Journal* 50, no. 3 (2007): 558–77.
21. S. J. Ashford, N. Wellman, M. Sully de Luque, K. De Stobbeleir, and M. Wollan M, "Two Roads to Effectiveness: CEO Feedback Seeking, Vision Articulation, and Firm Performance," *J Organ Behav*. 39 (2018): 82–95.
22. "Breakthrough Performance in the New Work Environment," the Corporate Executive Board Company (2012). Accessed on July 28, 2019 at eg2013ann-breakthrough-performance-in-the-new-work-environment.pdf.
23. Rich Sheridan, *Joy, Inc.* (NY: Portfolio/Penguin, 2013); S. M. Walz and B. P. Niehoff, "Organizational Citizenship Behaviors and Their Effect on Organizational Effectiveness in Limited Menu Restaurants," Best Paper Proceedings, Academy of Management conference (1996), 307–11.

第 2 章　人类的困境：难以启齿的求助

1. Garret Keizer, *Help: The Original Human Dilemma* (NY: Harper Collins, 2004).
2. F. J. Flynn and V. Lake, "If You Need Help, Just Ask: Underestimating Compliance with Direct Requests for Help," *Journal of Personality and Social Psychology* 95 (2008):128–43.
3. 具体数字如下（详见 Flynn 和 Lake）：研究参与者预计自己平均需要问 20.5 个陌生人才能得到 5 份完成的问卷；他们必须请求

10.5 次才能完成 5 次；在借用手机方面，研究参与者预计自己平均需要向 10.1 个陌生人借手机，才能有 3 个人肯借，而实际上，他们只需要向 6.2 个陌生人求助；研究参与者估计为了得到护送，他们平均要问 7.2 个陌生人才会有 1 个人答应，但实际上他们只需要问 2.3 个人就可以了。

4. Gallup's 2016 Global Civic Engagement Report, accessed on April 3, 2018 at http://news.gallup.com/reports/195581/global-civic-engagement-report-2016.aspx?g_source=link_NEWSV9&g_medium=TOPIC&g_campaign=item_&g_content=2016%2520Global%2520Civic%2520Engagement%2520Report.

5. Simeon Floyd, Giovanni Rossi, Julija Baranova, Joe Blythe, Mark Dingemanse, Kobin H. Kendrick, Jörg Zinken, and N. J. Enfield, "Universals and Cultural Diversity in the Expression of Gratitude," *Royal Society Open Society*, published 23 May 2018 online, accessed on September 8, 2018 at http://rsos.royalsocietypublishing.org/content/5/5/180391. 该研究的数据来自在社区和家庭背景下进行的隐蔽的视听记录。他们没有研究在机构或正式环境下的请求–回应交互。

6. 参见维基百科关于本杰明·富兰克林效应的词条，accessed on April 24, 2018 at https://en.wikipedia.org/wiki/Ben_Franklin_effect#cite_note-2。

7. Project Gutenberg's *Autobiography of Benjamin Franklin* by Benjamin Franklin, accessed on April 24, 2018 at https://www.gutenberg.org/files/20203/20203-h/20203-h.htm.

8. Yu Niiya, "Does a Favor Request Increase Liking Toward the Requester?," *Journal of Social Psychology* 156 (2016): 211–21.

9. F. J. Flynn, D. Newark, and V. Bohns, "Once Bitten, Twice Shy: The Effect of a Past Refusal on Future Compliance," *Social Psychological and Personality Science* 5, no. 2 (2013): 218–25.

10. 参见 Mark Granovetter, "The Strength of Weak Ties: A Network Theory Revisited," *Sociological Theory* 1: 201–233 (1983)。此文回顾了他自 1973 年发表关于这一主题的开创性论文以来的实证研究。

11. Daniel Z. Levin, Jorge Walter, and J. Keith Murnighan, "Dormant Ties: The Value of Reconnecting," *Organization Science* 22, no. 4 (2011): 923–39. 在一项后续研究中，研究团队了解到，高管们觉得相较于弱关系，和强关系重新建立联系更舒服，但弱关系更有价值，因为它们能比强关系提供更多的新鲜感。参见 Jorge Walter, Daniel Z. Levin, and J. Keith Murnighan, "Reconnection Choices: Selecting the Most Valuable (vs. Most Preferred) Dormant Ties," *Organization Science* 26, no. 5 (2015): 1447–65。

12. 我在作品中报告了四项全国调查的结果：Wayne Baker, *United America: The Surprising Truth About American Values, American Identity and the 10 Beliefs That a Large Majority of Americans Hold Dear* (Canton, MI: ReadTheSpirit Books, 2014)。正如我所提到的："值得注意的是美国人对这些言论的强烈感受。受过高中（或更低）教育的美国人与那些有大学学历甚至研究生学历的人一样可能同意这些说法。收入上的巨大差异并不重要。来自美国不同地区的美国人也可能同意这些说法。种族或宗教的差异并不重要。'相信自己'的智慧是连自由派和保守派都能一致认同的。"

13. A. W. Brooks, F. Gino, and M. E. Schweitzer, "Smart People Ask for (My) Advice: Seeking Advice Boosts Perceptions of Competence," *Management Science* 61, no. 6 (June 2015): 1421–35.

14. Jill E. Perry-Smith and Pier Vittorio Mannucci, "From Creativity to Innovation: The Social Network Drivers of the Four Phases of the Idea Journey," *Academy of Management Review* 42 (January 2017): 53–79.

15. For example, see research reviewed in Justin Hunt and Daniel Eisenberg, "Mental Health Problems and Help-Seeking Behavior Among College Students," *Journal of Adolescent Health* 45 (2010): 3–10.

16. Terry Gaspard, "How Being Too Self-Reliant Can Destroy Your Relationship," *Huffington Post,* January 3, 2015, accessed on January 7, 2017 at http://www.huffingtonpost.com/terry-gaspard-msw-licsw/how-self-reliance-can-destroy-a-relationship_b_6071906.html.

17. Fiona Lee, "The Social Costs of Seeking Help," *Journal of Applied*

Behavioral Science 38, no. 1 (March 2002): 17–35. See also G. S. Van der Vegt, J. S. Bunderson, and A. Oosterhof, "Expertness Diversity and Interpersonal Helping in Teams," *Academy of Management Journal* 49, no. 5 (2006): 877–93.

18. Brooks, Gino, and Schweitzer, "Smart People Ask for (My) Advice."
19. Ashleigh Shelby Rosette and Jennifer Mueller, "Are Male Leaders Penalized for Seeking Help? The Influence of Gender and Asking Behaviors on Competence Perceptions," *The Leadership Quarterly* 26 (2015): 749–62.
20. D. Miller, L. Karakowsky, "Gender Influences as an Impediment to Knowledge Sharing: When Men and Women Fail to Seek Peer Feedback," *J. Psychol.* 139, no. 2 (2005):101–18.
21. S. E. Taylor, D. K. Sherman, H. S. Kim, J. Jarcho, K. Takagi, and M. S. Dunagan, "Culture and Social Support: Who Seeks It and Why?," *Journal of Personality and Social Psychology* 87 (2004): 354. S. E. Taylor, W. T. Welch, H. S. Kim, and D. K. Sherman, "Cultural Differences in the Impact of Social Support on Psychological and Biological Stress Responses." *Psychological Science* 18 (2007): 831–37. H. S. Kim, D. K. Sherman, and S. E. Taylor, "Culture and Social Support," *American Psychologist* 63 (2008): 518. 关于寻求反馈的文化差异的总结，参见 Susann J. Ashford, Katleeen De Stobberleir, and Mrudula Nujella, "To Seek or Not to Seek: Recent Developments in Feedback-Seeing Literature." *Annual Review of Organizational Psychology and Organizational Behavior* 3 (2016): 213-39，尤其可以参考 p. 225。
22. 同上。
23. Bamberger, "Employee Help-Seeking"; Dvora Geller and Peter A. Bamberger, "The Impact of Help Seeking on Individual Task Performance: The Moderating Effect of Help Seekers' Logics of Action," *Journal of Applied Psychology* 97, no. 2 (2012): 487-97.
24. Arie Nadler, "Relationships, Esteem and Achievement Perspectives on Autonomous and Dependent Help Seeking," in Stuart A. Karabenick

(ed.), *Strategic Help Seeking: Implications for Knowledge Acquisition* (New Jersey: Erlbaum Publishing Co., 1998), 51-93; Bamberger, "Employee Help-Seeking."

25. Nadler, "Relationships, Esteem and Achievement Perspectives on Autonomous and Dependent Help Seeking," 63-64.

26. Nadler, "Relationships, Esteem and Achievement Perspectives on Autonomous and Dependent Help Seeking," 64.

27. Amy Edmondson, "Psychological Safety and Learning Behavior in Work Teams," *Administrative Science Quarterly* 44, no. 2 (1999): 350-83. See also Amy Edmondson, *Teaming: How Organizations Learn, Innovate, and Compete in the Knowledge Economy* (San Francisco, CA: Jossey-Bass, 2012); Amy Edmondson, *The Fearless Organization: Creating Psychological Safety in the Workplace for Learning, Innovation, and Growth* (Hoboken, NJ: John Wiley & Sons, 2019).

28. 如果求助者认为专家不值得信任，他们就不愿意向专家寻求帮助。参见 David A. Hofmann, Zhike Lei, and Adam M. Grant, "Seeking Help in the Shadow of Doubt: The Sensemaking Processes Underlying How Nurses Decide Whom to Ask for Advice," *Journal of Applied Psychology* 94, no. 5 (2009): 1261-70。

29. Amy C. Edmondson, "The Competitive Imperative of Learning," *Harvard Business Review* (July-August, 2008).

30. Julia Rozovsky, "The Five Keys to a Successful Google Team," The Watercooler Blog, November 17, 2015, accessed on January 13, 2017 at https://rework.withgoogle.com/blog/five-keys-to-a-successful-google-team/.

31. 2018 年 11 月 20 日与凯瑟琳·德卡斯的邮件交流。另参见 Kathryn H. Dekas, Talya N. Bauer, Brian Welle, Jennifer Kurkoski, and Stacy Sullivan, "Organizational Citizenship Behavior, Version 2.0: A Review and Qualitative Investigation of OCBs for Knowledge Workers at Google and Beyond," *The Academy of Management Perspective* 27 (2013): 219-37。

32. Richard Sheridan, *Joy, Inc.: How We Built a Workplace People Love*

(NY: Portfolio/Penguin (2013): 94.

33. Cassandra Chambers and Wayne E. Baker, "Robust Systems of Cooperation in the Presence of Rankings," *Organization Science* (in press).

34. 我首次使用此案例是在 Wayne Baker, "5 Ways to Get Better at Asking for Help," *Harvard Business Review*, December 18, 2014 [digital article], accessed on January 4, 2017 at https://hbr.org/2014/12/5-ways-to-get-better-at-asking-for-help。

35. Wayne E. Baker and Nathaniel Bulkley, "Paying It Forward vs. Rewarding Reputation: Mechanisms of Generalized Reciprocity," *Organization Science* 25, no. 5 (2014): 1493-1510.

36. Adam Grant, *Give and Take* (NY: Viking, 2013), 5.

37. 这个原则源远流长。正如维多利亚时代的哲学家和心理学家威廉·詹姆斯所说："如果你想要质量，就要表现得好像你已经拥有了一样。"理查德·怀斯曼将这一原则作为其著作 *The As If Principle* 的核心（NY: Simon &Schuster, 2012）。舒克的金字塔模型（见本书第2章）与埃德加·H.沙因的文化变革模型十分相似，舒克也承认这一点。参见 Shein's *Organizational Culture and Leadership*, 4th edition (San Francisco, CA: John Wiley & Sons, 2010)。

38. John Shook, "How to Change a Culture," *MIT Sloan Management Review* 51 (2010): 66. 转载已获许可。Copyright © 2010 from MIT Sloan Management Review/Massachusetts Institute of Technology. All rights reserved. Distributed by Tribune Content Agency, LLC.

第3章　给予与接受

1. Andrew Jacobs, "Celebrity Chefs Turn Wasted Olympic Food into Meals for Homeless," *New York Times* (August 14, 2016).

2. 若想了解更多博图拉的情况，参见 Francesca Gino, *Rebel Talent: Why It Pays to Break the Rules at Work and in Life* (NY: Dey St., an imprint of William Morrow, 2018)。

3. "Living the Generous Life: Reflections on Giving and Receiving," edited by Wayne Muller and Megan Scribner. A Project of The

Fetzer Institute (n.d.), accessed on March 4, 2017 at http://fetzer.org/resources/living-generous-life.

4. Julie Ray, "Billions Worldwide Help Others in Need," Gallup (September 20, 2016). 2015年，盖洛普在140个国家和地区进行了调查，accessed on March 5, 2017 at http://www.gallup.com/poll/195659/billions-worldwide-help-others-need.aspx?utm_source=alert&utm_medium=email&utm_content=more link&utm_campaign=syndication。

5. Jenifer J. Partch and Richard T. Kinnier, "Values and Messages Conveyed in College Commencement Speeches," *Current Psychology* 30, no. 1 (2011): 81–92.

6. "Living the Generous Life," 8.

7. Adam Grant, *Give and Take* (NY: Viking, 2013), 158. 与之相似，狄巴克·乔布拉认为给予法则与接受法则是成功的七大精神法则之一。

8. Grant, *Give and Take,* 5.

9. Wayne Baker, *Achieving Success Through Social Capital* (San Francisco, CA: Jossey-Bass, 2000), 139.

10. Adam M. Grant and Reb Rebele, "Generosity Burnout," *Harvard Business Review* (February 1, 2017) [digital article], accessed on March 4, 2017 at https://hbr.org/generosity.

11. James Andreoni, "Impure Altruism and Donations to Public Goods: A Theory of Warm-Glow Giving," *Economic Journal* 100, no. 401 (1990): 464–77. 给予所散发的温暖光芒可能是天生的。例如，关于两岁以内幼儿的记录就有这方面的内容。参见 Lara B. Aknin, J. Kiley Hamlin, and Elizabeth W. Dunn, "Giving Leads to Happiness in Young Children," *PLOS One*, June 14, 2012, accessed on March 9, 2017 at http://journals.plos.org/plosone/article?id=10.1371/journal.pone.0039211。

12. Francis J. Flynn, "How Much Should I Give and How Often? The Effects of Generosity and Frequency of Favor Exchange on Social Status and Productivity," *The Academy of Management Journal* 46, no. 5 (2003): 539–53. See also "The Gift Relationship," *Economist*

[London, England] April 10, 2004: 59. *The Economist Historical Archive, 1843–2013*, accessed on March 1, 2017 at http://www.economist.com/node/2582734.

13. Christian Smith and Hillary Davidson, *The Paradox of Generosity* (NY: Oxford University Press, 2014), 94.

14. Christina S. Melvin, "Professional Compassion Fatigue: What Is the True Cost of Nurses Caring for the Dying?," *International Journal of Palliative Nursing* 18, no. 12 (2012): 606–11. 同样参见 Sherry E. Showalter, "Compassion Fatigue: What Is It? Why Does It Matter? Recognizing the Symptoms, Acknowledging the Impact, Developing the Tools to Prevent Compassion Fatigue, and Strengthen the Professional Already Suffering from the Effects," *American Journal of Hospice and Palliative Medicine* 27, no. 4 (2010): 239–42; Laura McCray, Peter F. Cronholm, Hillary R. Bogner, Joseph J. Gallo, and Richard A.Neill, "Resident Physician Burnout: Is There Hope?," *Family Medicine* 40, no. 9 (2008): 626–32; Nadine Najjar, Louranne W. Davis, Kathleen Beck-Coon, and Caroline Carney Doebbeling, "Compassion Fatigue: A Review of the Research to Date and Relevance to Cancer-Care Providers," *Journal of Health Psychology* 14, no. 2 (2009): 267–77.

15. Wayne E. Baker and Nathaniel Bulkley, "Paying It Forward vs. Rewarding Reputation: Mechanisms of Generalized Reciprocity," *Organization Science* 25, no. 5 (2014):1493–1510.

16. Wayne E. Baker and Sheen S. Levine, "Mechanisms of Generalized Exchange," October 1, 2013. Available at SSRN: https://ssrn.com/abstract=1352101 or http://dx.doi.org/10.2139/ssrn.1352101.

17. Grant, *Give and Take,* 244.

18. Flynn, "How Much Should I Give and How Often?"

19. 研究已经明确地建立了个人、团队、组织甚至国家的社会资本与绩效的关系（参见第 1 章注释中的参考文献）。

20. 一项对阿拉米达县居民健康实践和结果的纵向研究是最著名的研究之一。关于建立社交孤立和死亡风险之间的联系的早期分析，参见 L. F. Berkman and S. L. Syme, "Social Networks, Host Resistance, and Mortality: A Nine-Year Follow-Up Study of Alameda County Residents," *American Journal of Epidemiology* 109, no. 2 (1979): 186–204。对研究发现的总结，参见 Jeff Housman and Steve Dorman, "The Alameda County Study: A Systematic, Chronological Review," *American Journal of Health Education* 26, no. 5 (2005): 302–8。一项基于148项研究的元分析综述进一步建立了社交网络和死亡风险之间的联系。Julianne Holt-Lunstad, Timothy B. Smith, and J. Bradley Layton, "Social Relationshps and Mortality Risk: A Meta-Analytic Review," *PLOS Medicine* (July 27, 2010), accessed on March 12, 2017 at http://journals.plos.org/plosmedicine/article?id=10.1371/journal.pmed.1000316.

21. Carla M. Perissinotto, Irena Stijacic Cenzer, and Kenneth E. Covinsky, "Loneliness in Older Persons: A Predictor of Functional Decline and Death," *JAMA Internal Medicine* 172, no. 14 (2012):1078–84.
22. John T. Cacioppo and Stephanie Cacioppo, "Social Relationships and Health: The Toxic Effects of Perceived Social Isolation," *Social and Personality Psychology Compass* 8, no. 2 (2014): 58.
23. Flynn, "How Much Should I Give and How Often?"
24. Teresa Amabile, Colin M. Fisher, and Julianna Pillemer, "IDEO's Culture of Helping," *Harvard Business Review,* January–February 2014, accessed on January 9, 2017 at https://hbr.org/2014/01/ideos-culture-of-helping.

第4章 明确需求，按需发声

1. 来源：Interview on March 15, 2019, and "Miss Kim's Kicks Off in Kerrytown," Zingerman's Newsletter, Issue 257, Jan–Feb 2017: 3–4。为了清晰展示，部分材料进行了编辑和简化。一些材料来自与金智惠的个人访谈和电子邮件。
2. 这是真实的故事，但为了匿名，我省略了具体细节。
3. 例如 Sonja Lyubomirsky, *The How of Happiness: A New Approach to*

Getting the Life You Want (NY: Penguin, 2007)。

4. Lyubomirsky, *The How of Happiness*, 205–26.
5. 同上。
6. 这是真实的故事，但为了匿名，我改了名字。
7. 2019 年 3 月 9—10 日的电子邮件交流。
8. 部分案例来自 Wayne E. Baker and Nathaniel Bulkley, "Paying It Forward vs. Rewarding Reputation: Mechanisms of Generalized Reciprocity," *Organization Science* 25, no. 5 (2014): 1493–1510。
9. Lawrence L. Lippitt, *Preferred Futuring: Envision the Future You Want and Unleash the Energy to Get There* (San Francisco, CA: Berrett-Koehler, 1998).
10. 参见 Ari Weinzweig, *The Power of Beliefs in Business, Zingerman's Guide to Good Leading, Part 4* (Ann Arbor, MI: Zingerman's Press, 2016), 416。
11. G. T. Doran, "There's a S.M.A.R.T. Way to Write Management's Goals and Objectives," *Management Review,* AMA Forum 70, no. 11: 35–36.
12. Simon Sinek, *Start With Why: How Great Leaders Inspire Everyone to Take Action* (NY: Portfolio/Penguin, 2009).
13. Rob Cross, Andrew Parker, Laurence Prusak, and Stephen P. Borgatti, "Knowing What We Know: Supporting Knowledge Creation and Sharing in Social Networks," *Organizational Dynamics* 30, no. 2 (2001):100–20.
14. 以银行环境为例，参见 Mark S. Mizruchi and Linda B. Stearns, "Getting Deals Done: The Use of Social Networks in Bank Decision-Making," *American Sociological Review* 66, no. 5 (2001): 647–71。
15. Sheen S. Levine and Michael J. Prietula, "How Knowledge Transfer Impacts Performance: A Multi-Level Model of Benefits and Liabilities," *Organization Science*, 23, no. 6 (2012), 1748–66. Sheen S. Levine, "The Strength of Performative Ties: Three Essays on Knowledge, Social Networks, and Exchange," January 1, 2005. *Dissertations available from ProQuest*, http://repository.upenn.edu/dissertations/AAI3197702.
16. Levine, "The Strength of Performative Ties."

17. Levine and Prietula, "How Knowledge Transfer Impacts Performance," and Levine, "The Strength of Performative Ties."
18. Daniel Z. Levin, Jorge Walter, and J. Keith Murnighan, "Dormant Ties: The Value of Reconnecting," *Organization Science* 22, no. 4 (2011): 923–39. See Jorge Walter, Daniel Z. Levin, and J. Keith Murnighan, "Reconnection Choices: Selecting the Most Valuable (vs. Most Preferred) Dormant Ties," *Organization Science* 26, no. 5 (2015): 1447–65.
19. 2017年5月19日与杰夫·德格拉夫的个人沟通。
20. 2018年4月17日与杰夫·德格拉夫的个人沟通。
21. Vanessa K. Bohns, "A Face-to-Face Request Is 34 Times More Successful than an Email," *Harvard Business Review* [digital version], April 11, 2017, accessed on May 15, 2017 at https://hbr.org/2017/04/a-face-to-face-request-is-34-times-more-successful-than-an-email. Based on research by M. Mahdi Roghanizad and Vanessa K. Bohns, "Ask in Person: You're Less Persuasive Than You Think Over Email," *Journal of Experimental Psychology* 69 (March 2017): 223–26. 然而，请注意，这项研究是基于向陌生人求助，而不是你认识的人或过去认识的人。尽管如此，它强调了一种倾向，即高估了电子邮件作为发送请求的方式的有效性。
22. Jia Jiang, *Rejection Proof: How I Beat Fear and Became Invincible* (NY: Harmony, 2015).
23. 蒋甲在他著作的每章结尾、第11章和附录中总结了这些教训。
24. Jiang, *Rejection Proof*, 94–95.
25. 蒋甲在他的书的第89–90页讨论了几本畅销书的退稿率，包括《哈利·波特与魔法石》。

第5章 团队的工具

1. Deborah Ancona and Henrik Bresman, *X-Teams: How to Build Teams that Lead, Innovate, and Succeed* (Boston, MA: Harvard Business School Press, 2007). 特别参考第160–177页。
2. Ancona and Bresman, *X-Teams*, 167.

3. Amy C. Edmondson, *Teaming* (San Francisco, CA; Jossey-Bass, 2012); Ancona and Bresman, *X-Teams*.
4. Ashford and DeRue, "Developing as a Leader," and Scott D. DeRue and Susan J. Asford, "Who Will Lead and Who Will Follow? A Social Process of Leadership Identity Construction in Organizations," *Academy of Management Review* 35 (2010): 627–47.
5. Ancona and Bresman, *X-Teams,* 168.
6. 参见西南航空公司官网的情况说明书。
7. 西南航空公司官网显示，例如，2016年，该航空公司收到了342 664份简历并聘用了7 207位新员工。
8. Julie Weber, "How Southwest Airlines Hires Such Dedicated People," *Harvard Business Review* [digital version], accessed on January 9, 2018 at https://hbr.org/2015/12/how-southwest-airlines-hires-such-dedicated-people.
9. Weber, "How Southwest Airlines Hires Such Dedicated People."
10. Ingrid M. Nembhard and Amy C. Edmondson, "Making It Safe: The Effects of Leader Inclusiveness and Professional Status on Psychological Safety and Improvement Efforts in Health Care Teams," *Journal of Organizational Behavior,* 27 (2006): 941–66.
11. 同上。
12. Amy Edmondson, "Psychological Safety and Learning Behavior in Work Teams," *Administrative Science Quarterly* 44:350–83 (1999).
13. 这是一个真实的故事。为了保护主人公，我更改了人物的名字，并将故事中可识别的细节匿名化。
14. Julia Rozovsky, "The Five Keys to a Successful Google Team," The Watercooler Blog, November 17, 2015, accessed on January 13, 2017 at https://rework.withgoogle.com/blog/five-keys-to-a-successful-google-team/.
15. Gary Klein, "Performing a Project Premortem," *Harvard Business Review,* September 2007, accessed on December 3, 2018 at https://hbr.org/2007/09/performing-a-project-premortem.
16. Teresa Amabile, Collin M. Fisher, and Julianna Pillemer, "IDEO's

Culture of Helping," *Harvard Business Review*, January–February issue (2014). 这部分内容基于我对希瑟·柯里尔·亨特做的采访和我与他的电子邮件交流。

17. 2017 年 5 月 9 日的个人沟通。
18. 2018 年 10 月 31 日的个人沟通。
19. Edmondson, "The Competitive Imperative of Learning."
20. 2018 年 12 月 6 日的个人沟通和后续的电子邮件交流。
21. 引自 John Eades, "7 Leadership Lessons from the CEO of a Multibillion-Dollar Company," *Inc.* (April 3, 2017), accessed on March 25, 2019 at https://www.inc.com/john-eades/7-leadership-lessons-from-the-ceo-of-a-multi-billion-dollar-company.html。
22. 2019 年 3 月 25 日与克里斯蒂娜·凯勒和弗雷德·凯勒的电子邮件沟通。
23. Joel Podolny, "Interview with John Clendenin" [video]. (Stanford, CA: Stanford Business School, 1992).
24. Ryan W. Quinn and J. Stuart Bunderson, "Could We Huddle on This Project? Participant Learning in Newsroom Conversations," *Journal of Management* 42 (2016): 386–418.
25. Amabile, Fisher, and Pillemer, "IDEO's Culture of Helping."
26. Dan Radigan, "Stand-ups for Agile Teams" (n.d.), accessed on April 23, 2018 at https://www.atlassian.com/agile/scrum/standups.
27. 2018 年 4 月 24 日的个人沟通。
28. Michael A. Orzen and Thomas A. Paider, *The Lean IT Field Guide: A Roadmap for Your Transformation* (Boca Raton, FL: CRC Press/Taylor & Francis Group, 2016), 48.
29. Adam Grant, *Give and Take* (NY: Viking, 2013), 241.
30. Ashley E. Hardin, "Getting Acquainted: How Knowing About Colleague's Personal Lives Impacts Workplace Interactions, for Better and Worse," doctoral dissertation, University of Michigan Ross School of Business (2017).
31. "Hack Your Happiness: How Doing Favors for Others Can Make You Happier," *Good Morning America,* December 26, 2018, accessed on

March 26, 2019 at https://www.goodmorningamerica.com/wellness/video/hack-happiness-favors-make-happier-60016878.

32. Henri Lipmanowicz and Keith McCandless, *The Surprising Power of Liberating Structures: Simple Rules to Unleash a Culture of Innovation* (Seattle, Washington: Liberating Structures Press, 2013). 在本书中，作者概述了33种行之有效的实践，这些实践使人们能够以新的、富有成效的方式进行互动和合作。这些"解放结构"已在各种组织中广泛实施，从医疗保健到学术界，从军队到咨询公司，再到全球商业企业。

33. DoSomething.org website, accessed on January 31, 2018 at https://www.dosomething.org/us/about/who-we-are.

34. DoSomething.org 网站是密歇根大学罗斯商学院积极商业实践竞赛的决赛入围作品。他们在视频中描述了这种做法。

35. 2018年12月20日和2019年3月25日与罗恩·梅的个人沟通。罗恩现在已经退休，作为积极组织中心的常驻主管继续奉献他的时间和智慧。关于罗恩使用的方法的更多信息，参见 Mike Rother, *Toyota Kata: Managing People for Improvement, Adaptiveness, and Superior Results* (NY: McGraw-Hill, 2010)。

36. 2017年6月13日与凯文·布卢的个人沟通。

37. Nembhard and Edmondson, "Making it Safe."

第6章　跨界求助

1. 我很感激戴夫·斯科尔滕在我为这本书寻找新例子时对我的求助做出的回应。他提供了关于小游戏的细节。我也非常感谢肯特电力公司允许我讲述该公司的故事。

2. 戴夫·斯科尔滕也在客户中开展这个游戏。所有参与体验的人都收获了积极的结果。

3. Gardner, *Smart Collaboration: How Professionals and Their Firms Succeed by Breaking Down Silos* (Boston, MA: Harvard Business Review Press, 2017) 20–41. 也可参考 Sheen S. Levine and Michael J. Prietula, "How Knowledge Transfer Impacts Performance," *Organization Science*, 23,

no. 6 (2012), 1748–66, and Sheen S. Levine, "The Strength of Performative Ties: Three Essays on Knowledge, Social Networks, and Exchange" (January 1, 2005)。论文可以从 ProQuest 下载。AAI3197702. http://repository.upenn.edu/dissertations/AAI3197702.

4. 2019 年 1 月 7—9 日的电子邮件沟通。
5. Deborah Ancona and Henrick Bresman, *X-Teams: How to Build Teams That Lead, Innovate, and Succeed* (Boston, MA: Harvard Business School Press, 2007), 218–19.
6. Scott E. Page, *The Diversity Bonus* (Princeton, NJ: Princeton University Press, 2017).
7. Page, *The Diversity Bonus,* 2.
8. 共同进驻也促进了合作。通用汽车的新动力总成性能和赛车中心进驻的工程师来自生产动力总成操作和通用汽车赛车项目。共同进驻和地理位置的接近促进了思想、知识、信息和建议的持续交流。参见 James M. Amend, "New GM Powertrain Facility to Speed Engine Tech Transfer," *WardsAuto* (Feb 2, 2016), accessed on February 9, 2018 at http://wardsauto.com/engines/new-gm-powertrain-facility-speed-engine-tech-transfer。
9. 2019 年 3 月 29 日的电子邮件沟通。
10. 描述参见 Michael J. Arena, *Adaptive Space: How GM and Other Companies Are Positively Disrupting Themselves and Transforming into Agile Organizations* (NY: McGraw-Hill, 2018).
11. Arena, *Adaptive Space,* 125–26.
12. 这是一个真实的例子，但出于保密目的，我更改了姓名并删除了其他可识别的信息。
13. Emily Moore, "7 Companies with Amazing Office Rotation Options," *Glassdoor,* accessed on November 28, 2017 at https://www.glassdoor.com/blog/companies-with-office-rotation-options/.
14. Jaime Ortega, "Job Rotation as a Learning Mechanism," *Management Science* 47, no. 10 (2001): 1361–70.
15. 2018 年 1 月 11 日的访谈和 2019 年 2 月 25 日的电子邮件沟通。

16. 2019年2月13日的电子邮件沟通。
17. 2019年2月5日的电话访谈。
18. https://www.ypo.org/about-ypo/, accessed on February 6, 2019.
19. 2019年2月7日的电子邮件沟通。
20. 创新酿造平台的网站及视频，accessed on February 12, 2018 at http://innovate-blue.umich.edu/research/innovate-brew/。
21. 同上。
22. 2019年1月28日的访谈。
23. 2019年2月11日的访谈和2019年4月29日的电子邮件沟通。
24. As of January 2019, per "Statista: The Statistics Portal," accessed at https://www.statista.com/statistics/258749/most-popular-global-mobile-messenger-apps/.
25. 2019年1月28日的访谈。
26. 2019年2月15日的电子邮件沟通。
27. Veronica Gilrane, "Working Together When We're Not Together." Working at Google blog, April 4, 2019. Accessed on June 9, 2019 at https://blog.google/inside-google/working-google/working-together-when-were-not-together/.
28. Paul Leonardi and Tsedal Neeley, "What Managers Need to Know About Social Tools," *Harvard Business Review,* November–December issue (2017).
29. P. M. Leonardi, "Ambient Awareness and Knowledge Acquisition: Using Social Media to Learn 'Who Knows What' and 'Who Knows Whom,'" *MIS Quarterly* 39 (2015): 747–76.
30. 感谢我的同事何塞·乌里韦为我提供了这张网络图。
31. Gardner, *Smart Collaboration,* 175–83.
32. Gardner, *Smart Collaboration,* 181–82.
33. Dan Ranta, "The Power of Connections at ConocoPhillips," *Slideshare,* accessed on February 14, 2018 at https://www.slideshare.net/SIKM/dan-ranta-power-of-connections-at-conocophillips. 也可参见 P. Gray and D. Ranta, "Networks of Excellence," in R. Cross, R. J. Thomas, J. Singer, S.

Colella, and Y. Silverstone (eds), *The Organizational Network Fieldbook* (San Francisco, CA: Jossey-Bass, 2010)。

34. 2018 年 2 月 28 日的 Skype 访谈。
35. Charles Steinfield, Joan M. DiMicco, Nicole B. Ellison, and Cliff Lampe, "Bowling Online: Social Networking and Social Capital with the Organization," proceedings of the fourth international conference on Communities and Technologies (2009), 246.
36. Joan DiMicco, David R. Millen, Werner Geyer, Casey Dugan, Beth Brownholtz, and Michael Muller, "Motivations for Social Networking at Work," conference paper, *ACM* (2008), 716.
37. Jennifer Thom, David Millen, and Joan DiMicco, "Removing Gamification from an Enterprise SNS," *Proceedings of the ACM 2012 Conference on Computer Supported Cooperative Work* (NY: ACM, 2012).
38. Thom, Millen, and DiMicco, "Removing Gamification."
39. Cliff Lampe, Rick Wash, Alcides Velasquez, and Elif Ozkaya, "Motivations to Participate in Online Communities," proceedings of the SIGCHI conference of human factors in competing system, *ACM* (2010), 1927–36.
40. Jacob C. Fisher, Jonathon Cummings, and Yong-Mi Kim, "Abandoning Innovations: Network Evidence on Enterprise Collaboration Software," unpublished manuscript (University of Michigan Institute for Social Research).
41. Gardner, *Smart Collaboration*, 175.

第 7 章　认可与奖励

1. "Gallup's 2017 State of the American Workplace," accessed at https://www.gallup.com/workplace/238085/state-american-workplace-report-2017.aspx. 也可参见 "The ROI of Recognition in Building a More Human Workplace," Globoforce Workplace Research Institute, 2016 Survey Report accessed at http://go.globoforce.com/rs/862-JIQ-698/images/ROIofRecognition.pdf and L. Anik, L. B. Aknin, M. I. Norton, E. W. Dunn, and

Quoidbach, "Prosocial Bonuses Increase Employee Satisfaction and Team Performance," *PLOS ONE* 8, no. 9 (2013): e75509. doi:10.1371/journal.pone.0075509。

2. 同上。

3. "The ROI of Recognition in Building a More Human Workplace," Globoforce.

4. 这个故事来自詹妮弗·罗比森写的一篇普洛普文章："In Praise of Praising Your Employees," Gallup website, November 90, 2006, accessed at https://www.gallup.com/workplace/236951/praise-praising-employees.aspx?version=print。我对这个故事的讨论包含了这篇文章的转述和引用材料。我更新了有关花岗岩建筑公司收益和戴维·格拉齐安职位的实际情况。

5. 2019年5月13日，我也采访了戴维·格拉齐安。他现在退休了，成立了青春当下（Youth NOW）组织并担任主席。

6. Tómas Bjarnason, "Social Recognition and Employees' Organizational Support," *Göteborg Studies in Sociology* No. 27 (2009). Department of Sociology, Göteborg University.

7. 2019年1月13日的采访。此外，参见 David Sturt, Todd Nordstrom, Kevin Ames, and Gary Beckstrand, *Appreciate: Celebrating People, Inspiring Greatness* (Salt Lake City, UT: O.C. Tanner Institute Publishing)。

8. "Having a Calling and Crafting a Job: The Case of Candice Billups." Center for Positive Organizations, University of Michigan Ross School of Business. https://positiveorgs.bus.umich.edu/teaching-resources/teaching-cases/.

9. Christopher P. Cerasoli, Jessica M. Nicklin, and Michael T. Ford, "Intrinsic Motivation and Extrinsic Incentives Jointly Predict Performance: A 40-Year Meta-Analysis," *Psychological Bulletin*, 140 (2014): 980–1008.

10. James M. Kouzes and Barry Z. Posner, *Encouraging the Heart* (San Francisco, CA: John Wiley & Sons, Inc., 2003).

11. Ari weinzweig, *A Lapsed Anarchists Approach to Building a Great*

Business: Zingerman's Guide to Good Learning Part 1 (Ann Arbor, MI: Zingerman's Press, 2010), 213.
12. Marian J. Their, *Coaching Clues* (London: Nicholas Brealey Publishing, 2003).
13. Dani Fankhauser, "The ROI of Recognition in the Workplace," Give and Take, Inc. blog post (October 4, 2018), accessed at https://giveandtakeinc.com/blog/culture/the-roi-of-recognition-in-the-workplace/.
14. 此案例由密歇根大学罗斯商学院积极组织中心高级副主任兼教育主管贝齐·欧文于2019年2月26日通过电子邮件提供。
15. Robert A. Emmons and Michael E. McCullough, "Counting Blessings Versus Burdens: An Experimental Investigation of Gratitude and Subjective Well-Being in Daily Life," *Journal of Personality and Social Psychology* 84, no. 2 (February 2003), 377–89. O. C. 坦纳研究所的研究成果参见 David Sturt, Todd Nordstrom, Kevin Ames, and Gary Beckstrand, *Appreciate* and Adam M. Grant and Francesca Gino, "A Little Thanks Goes a Long Way: Explaining Why Gratitude Expressions Motivate Prosocial Behavior," *Journal of Personality and Social Psychology* 98, no. 6 (June 2010), 946–55。
16. Laszlo Bock, *Work Rules!* (London: John Murray, 2015), 249–50.
17. Bock, *Work Rules!* 250–51.
18. Bock, *Work Rules!* 251.
19. 2018年12月11日的采访，2019年1月10—12日的电子邮件交流。
20. "Using Recognition and Other Workplace Efforts to Engage Employees," Society for Human Resource Management and Globoforce (2018), accessed online at https://www.shrm.org/hr-today/trends-and-forecasting/research-and-surveys/Documents/SHRM-GloboforceEmployeeRecognition%202018.pdf.
21. "The ROI of Recognition in Building a More Human Workplace," Globoforce.
22. 2019年1月21日的采访。
23. 2017年的个人沟通。GTB因这种模式获得了2015年最积极商业项目奖。

24. 这是一个真实的故事，但当事人要求我不要提供身份信息。

25. Steven Kerr, "On the Folly of Rewarding A, While Hoping for B," *The Academy of Management Executive* 9, no. 1 (1995), 7–14.

26. 2019 年 1 月 28 日的电话访谈。

27. Marcus Buckingham and Ashley Goodall, "Reinventing Performance Management," *Harvard Business Review* (April 2015).

28. Peter Cappelli and Anna Tavis, "The Performance Management Revolution," *Harvard Business Review* (October 2015).

29. 2018 年 4 月 5 日的电话访谈。

30. 四个问题分别是："这个人今天准备升职了。""这个人有表现不佳的风险。""我希望这个人一直在我的团队。""我会给这个人尽可能高的薪酬。"详情参见 Buckingham and Goodall, "Reinventing Performance Management."

31. 来源：https://www.greatgame.com/blog/employee-engagement/8-awesome-minigame-ideas-generated-practitioners, accessed February 6, 2018。

32. 盈利的提升可能是惊人的，例如年收入 6 000 万美元的运输零件制造商玩小游戏的财务影响。该公司同时开展了 38 个小游戏，直接收益是净利润增加了 45 万美元。公司估计，迄今为止，玩过的所有游戏总共增加了 170 万美元的净利润。

33. Jack Stack with Bo Burlingham, *The Great Game of Business, Expanded and Updated: The Only Sensible Way to Run a Company* (NY: Crown Business, 2013). 初版于 1992 年出版。The Great Game methodology is also called "Open-Book Management." John Case coined the term "open-book management." See his *Open-book Management: The Coming Business Revolution* (NY: HarperCollins, 1995).

34. SRC 的收益分享计划的总结基于该书第 7 章的内容：Stack with Burlingham, *The Great Game of Business,* 157–83。

35. Stack with Burlingham, *The Great Game of Business,* 162。

36. Stack with Burlingham, *The Great Game of Business,* 159。